월요일의 무거운 신음 사이로 은혜의 숨을 불어넣는 책을 만났습니다. 저자는 일을 저주로 여기는 우리의 오래된 습관을 성경의 큰 이야기 속에 다시 놓아줍니다. "일꾼 하나님을 닮은 일꾼 사람"이라는 한 문장이, 가시와 엉겅퀴가 무성한 자리에서도 우리가 왜 다시 일어나야 하는지 분명하게 들려줍니다. 요셉의 굴욕도, 다니엘의 긴 밤도, 예수의 목수 작업대도 모두가 예배의 자리였다는 해석은, 월요일 아침 우리를 예배자로 세웁니다.

낮은담교회 강단에서 저는 자주 이렇게 고백합니다. "하나님은 이름 없는 자들의 일터에서 당신의 나라를 빚으십니다." 이 책은 그 고백을 신학으로 단단하게, 이야기로 따뜻하게 증언합니다. 달란트는 비교의 무기가 아니라 맡겨진 자리에서 사랑을 섬기는 도구임을, 저자는 집요한 성경 읽기와 삶의 체온으로 설득합니다. 지친 성도들의 어깨 위에 손을 얹어 "당신의 일이 곧 하나님의 일입니다"라고 조용히 일러주는, 목회자의 좋은 동역 책. 저는 기쁨으로 이 책을 추천합니다. 월요일을 다시 시작해야 하는 모든 이들에게, 이 책이 작은 새벽이 되길 바랍니다.

- 김관성 목사(낮은담교회)

바쁜 일상과 치열한 경쟁 속에서 우리는 종종 묻게 됩니다. '나는 왜 일하는가?', '내 일이 과연 의미 있는가?' 이 질문에 대한 해답을 찾지 못해 불안하고 공허한 마음으로 하루하루를 보내는 그리스도인들이 많습니다. 주일의 거룩함과 평일의 현실이 분리된 듯 느껴지는 이 간극 앞에서, 우리는 삶의 온전한 의미를 잃어버리기도 합니다. 이 책은 바로 그 질문의 한가운데로 우리를 초대합니다. 단순히 '열심히 일하라'는 조언을 넘어, 일의 본질이 하나님과의 창조적 파트너십에서 시작되었음을 깨닫게 합니다. 일상의 모든 순간이 하나님을 만나는 거룩한 예배가 될 수 있음을, 그리고 우리의 일터가 하나님 나라의 확장을 위한 소중한 통로가 될 수 있음을 깊이 있게 이야기합니다.

이 책을 펼치는 순간, 여러분의 일은 더 이상 생계를 위한 수단이나 단순한 직업 이상임을 알게 될 것입니다. 내가 짓는 이름 하나, 내가 맺는 관계 하나, 내가 감당하는 작은 역할 하나가 모두 하나님 나라의 퍼즐 조각이 되어가는 놀라운 경험을 하게 될 것입니다. 요셉과 다니엘, 그리고 가장 낮은 자리에서 묵묵히 일하셨던 예수님의 삶을 통해, 우리는 절망 속에서도 흔들리지 않는 믿음의 증거를 발견하고, 성공이 아닌 충성을 택할 때 오는 진정한 기쁨을 맛보게 될 것입니다.

기독교 교육을 전공하고 그 기초위에 설교학을 공부하신 지혁철 목사님의 책『월요일의 예배자』는 그리스도인 직장인들에게는 일상의 소명을 회복하는 나침반이 될 것이며, 그리스도인 리더십에게는 하나님 나라의 가치를 담은 새로운 리더십의 방향을 제시할 것입니다. 부디 이 책을 통해 모든 그리스도인이 세상 속에서 빛과 소금의 역할을 온전히 감당하며, 거룩한 일꾼으로 우뚝 서기를 소망합니다.

- 김도명 목사 (브니엘교회)

원고를 받고 단숨에 읽어 내려갔습니다. 저자의 해방된 상상력과 치밀한 성경 주해가 잘 버무려져 일의 본질을 해석해 내는 작업에 큰 매력을 느꼈습니다. 평소에 제가 '일터 신학'에 관심이 많아서 더 그런지도 모르겠습니다. 이 분야의 권위자인 폴 스티븐스 교수와도 배움의 인연이 있다는 저자의 고백이 책 내용의 신뢰성을 더욱 높여 주고 있습니다.

특히 예배와 일을 원래 구별하지 않았던 성경의 용례들을 잘 살핌으로써 오늘날 성도들에게 일에 대한 시각을 통찰력 있게 제시합니다. 일에 치여 살거나 마지못해 일을 하는 교인들에게 정말 좋은 지침서가 될 거라고 확신합니다. 사실상 우리의 모든 일상이 이미 임한 하나님 나라 안에서 이루어지기 때문에, 우리가 하는 모든 일이 하나님과 관련된 '예배'라고 할 수 있습니다. 이에 대해 성경적이고 풍성한 통찰을 얻고 싶은 모든 분에게 『월요일의 예배자』를 적극 추천합니다.

- 권율 목사(부산 세계로병원 원목, 『부부 신학』 저자)

경제학의 '보이지 않는 손'이 늘 깨어 지키시는 '성령'을 모티브로 했다면 어떨까? 실제로 성령께서는 일터에서 일상에서 함께 하신다. 경제학은 이를 통찰해 내는 데 되려 교회는 영과 육의 이원론에 빠져 얼떨떨해하며 답을 주지 못한다. 그 답은 역시 현장에 있었다. 여기 개척교회 현장의 목회자가 탐구한 '일과 영성'의 복음이 있다. 구체적으로 묻고 땀으로 찾아낸 일터의 복음이기에 검박하고 정직하다.

먼저 책을 추천할 수 있어 너무 기쁘다. 일에 대한 저자의 구원사적 해석이 참으로 성경적이어서 좋았다. 지혁철 목사님은 학문적 사고가 깊다. 일의 본질을 성경과 연결하고 오늘 우리 삶의 자리에서 어떻게 일을 이해하고 대해야 하는지를 서술하였다. 하나님이 일하시니 우리도 일한다는 창조의 원리가 신선했다. 일을 통해 하나님의 영광을 세상 속에 드러낼 사명이 그리스도인에게 있다는 저자의 주장은 탁월한 일의 신학적 지점이다. 일에 대한 편견과 그릇된 이해가 우리 사회에 만연해 있다. 저자는 쉽고 부드럽고 친절하면서도 단호한 언어로 일에 관한 편견과 오해를 바로잡아 준다.

안타깝게도 지금 한국교회의 신뢰도는 바닥이 치고 있다. 어떻게 회복할 수 있을까? 일상의 중요한 시간을 보내는 일터에서 우리 그리스도인이 어떻게 살아야 할지, 일에 대한 어떤 태도와 자세를 가져야 할지 저자와 함께 질문하고, 저자의 안내를 따라 이 시급하고 중요한 질문에 관한 대답을 찾아내고, 찾아낸 대답을 따라 살아간다면 어떨까? 그때 우리는 무너진 교회의 신뢰도를 회복할 것이라 확신한다. 이런 맥락에서 어려운 시대를 살아가는 한국교회의 모든 신자에게 진지한 일독을 권한다.

우리는 일터에서 하루의 절반 이상을 보낸다. 하지만 정작 우리가 하는 일의 의미를 깊이 묻는 경우는 드물다. 이 책은 우리를 그 중요한 물음 앞에 멈추어 세운다. 단순히 생계유지의 수단으로 여겼던 일이 사실은 하나님과 함께하는 거룩한 동역임을 일깨워주기 때문이다. 목수였던 예수, 목동이었던 다윗, 포로였던 다니엘의 이야기는 우리가 어떤 자리에 있든 하나님의 일꾼으로 살 수 있음을 분명히 보여준다.

특히 저자는 히브리어 '아바드'가 '일하다'와 '예배하다'를 동시에 의미한다는 사실을 통해, 우리의 일상이 곧 예배가 될 수 있음을 힘주어 말한다. 이 책은 성공보다는 충성을, 큰일보다는 작은 일에의 신실함을 강조한다. 경쟁과 효율, 성과에 지쳐 있는 우리에게 위로와 도전을 함께 준다. 월요병으로 시작되는 한 주를 거룩한 예배로 바꾸고 싶은 모든 그리스도인에게 이 책『월요일의 예배자』권한다.

- 조명신 목사(『태도, 믿음을 말하다』 저자)

일과 신앙, 이 둘은 정말 별개의 영역일까요? 많은 그리스도인이 주일에는 예배자로, 평일에는 직장인으로 살아갑니다. 마치 두 개의 삶을 사는 것처럼 말입니다. 지혁철 목사의『월요일의 예배자』는 바로 이 분리된 삶을 하나로 연결해주는 다리와 같은 책입니다. 저자는 창세기의 에덴동산으로 우리를 초대합니다. 그곳에서 발견한 진실은 놀랍습니다. 노동은 저주가 아니라 축복이었고, 단순한 생계 수단이 아니라 하나님과 함께하는 창조 사역이었습니다. "일터는 단순히 먹고살기 위한 전쟁터가 아니라, 하나님의 형상을 지닌 우리가 창조의 완성에 참여하는 거룩한 무대입니다."

이 책의 가장 큰 매력은 실천 가능한 지혜를 제공한다는 점입니다. 요셉, 다니엘, 그리고 목수 예수님의 삶을 통해 일터에서 신앙을 실천하는 구체적인 방법을 보여줍니다. 폴 스티븐스 교수의 깊은 통찰과 저자의 생생한 목회 경험이 만나 더욱 풍성한 이야기를 만들어냅니다. 특히 인상적인 것은 '성공'보다 '충성'을 강조하는 대목입니다. 세상은 더 높이, 더 많이를 외치지만, 저자는 작은 일에 충성하는 삶의 가치를 일깨워줍니다. 우리 각자에게 주어진 달란트가 하나님의 도구가 될 때, 모든 직업은 거룩한 소명이 됩니다.

월요일 아침이 두려운 분들에게, 일의 의미를 잃어버린 분들에게, 이 책은 새로운 시작을 선물할 것입니다. 일상의 일터가 예배의 자리가 되는 놀라운 변화, 그 여정에 당신을 초대합니다.

- 최주훈 목사(중앙루터교회)

'일'이 소명이 되고, 그것을 부르신 이가 하나님이라는 사실을 알면 '일'의 성공이 하나님의 뜻을 성취하는 것임을 깨닫게 되는데, 그동안 목회를 하시면서 동시에 병원 현장의 원목으로 일하시며 복음을 전하는 모습은 이미 하나님 안에서 '일'을 해석한 삶을 살고 있음을 알 수 있습니다. 그런 의미에서 매일의 일상을 거룩한 예배로 살면서 꼭 전하고 싶으셨던 '일'의 의미에 대한 쉬운 신학적 설명이 오늘 '일'로 지친 모든 이들을 새롭게 하는 도전이 되리라 생각합니다. 교회의 설교자로, 세상 일상의 전도자로 걸어온 저자의 삶과 신학을 알기에 즐거운 마음으로 추천합니다.

-하정완 목사(꿈이있는교회)

이 책을 손에 든 모든 분께 주님의 크신 은혜와 평강이 함께하시기를 축복합니다. 주 예수를 구주로 고백하며 신실한 주의 자녀로 살아가기를 소망하는 우리는, 자본주의 세상 속에서 '왜 일하는가?'라는 익숙한 질문 앞에 자주 흔들립니다. 예수님만을 따르겠다는 순수한 믿음이 길을 잃고, 돈과 성공만을 유일한 답이라 여기기 쉽습니다. 그러나 이 책은 우리의 일터와 일상이 하나님의 창조 세계와 예수 그리스도의 구속 사역에 어떻게 연결되어 있는지 성경 말씀을 따라 정확하고 깊이 있게 짚어줍니다.

목수 예수님의 겸손한 노동과 요셉, 다니엘과 같은 믿음의 선진들의 일터 신앙을 깊이 있게 조명하며, 우리가 하는 모든 일이 생계를 넘어 이웃을 섬기고 하나님을 예배하는 거룩한 소명임을 깨닫게 해줍니다. 가시와 엉겅퀴 가득한 우리의 삶의 자리, 곧 일터가 예수 그리스도 안에서 축복의 통로로 회복될 수 있다는 이 복음적인 진리는, 월요일 일터로 향하는 우리에게 새로운 용기와 기쁨을 불어넣어 줄 것입니다. 우리를 부르시고 이 땅에 파송하신 예수 그리스도를 섬기듯이 충성스럽게 일하여, 주님께 "착하고 충성된 종"이라 칭찬받기를 소망하는 모든 분들께 이 귀한 책을 기쁜 마음으로 추천합니다.

- 하태권 교수(인제대학교 부산백병원 외과 교수 갑상선두경부 종양 센터장)

『월요일의 예배자』는 기쁘게 예배드리는 주일 하루가 아니라, 마치 전쟁처럼 여겨지는 6일, 평일의 삶을 어떻게 살아낼 것인가 질문하는 사람들을 위한 책입니다. 일터 신학이라는 조금은 어려울 수도 있는 주제를 자신이 살아온 배경을 바탕으로 친절하고 따뜻하게 안내하고 있습니다. 하나님께서 우리의 인생에 개입하시는 것은 주일 뿐 아니라 일상의 모든 순간입니다. 특히나 그리스도인들은 직업과 학업, 매 순간마다 어떻게 복음에 입각한 결정을 해야 할 것인가라는 도전에 직면하게 됩니다. 그럴 때, 평소에 듣던 설교 말씀이 잘 적용하기 어려워 당황을 할 때가 있습니다. 신학이 설명되어 있는 책들은 현실과 많이 동떨어진 느낌이 들기도 합니다.

저자는 쉽지 않은 유년 시절을 보내고, 다양한 자리에서 하나님의 말씀을 들은 경험을 가지고 있습니다. 그 경험을 토대로, 같은 고민을 하며 살고 있는 현대인들에게 하나님의 놀라운 계획과 새로운 믿음의 방식에 대해 차분히 설명해 줍니다. 담담하게 고백하는 어린 시절의 어려움이 제게는 먹먹함으로, 그리고 독자를 향한 애틋함이 전해져 참 고마운 마음이 들었습니다. 하나님의 일하심으로 시작해서 성경은 온통 일하는 사람들의 이야기로 가득합니다. 그리고 그것은 교회에 모인 하루가 아니라, 세상 사람들과 부대끼는 6일에 대한 이야기 같기도 합니다. 주일 밤, 앞으로 6일을 어떻게 살아야 할 지 한숨이 나오는 사람이라면, 이 책을 꼭 읽어보시기를 권해 드리고 싶습니다. 성경 전체를 아우르며, 우리의 일상의 자리가 얼마나 가슴뛰고, 행복한 순간이 될 수 있는지 안내하고 있기 때문입니다.

새로운 시대가 왔습니다. 이제 일터는 더이상 고난의 공간이 아니라 예배의 공간으로 변하고 있습니다. 그 여행에 동참하시고자 하는 모든 분들을 초대하고 싶습니다.

- 황인권 대표 (ikp, 5무 교회가 온다)

나는 세속 가치가 지배적인 음악의 영역에서 연주자로 살아가고 있다. 대부분 주말과 주일에 공연을 해야 하는 직업 특성상 예배자로서 주일을 지키기란 정말로 어렵다. 하나님께 죄송한 마음이 들 때가 있고 벗어버리기 힘든 짐을 진 것 같은 기분을 느낄 때도 있다. 지혁철 목사의 『월요일의 예배자』는 내가 살아가는 곳에서 내가 하는 연주를 통해 얼마든지 하나님을 예배할 수 있다고, 그곳에서 신실한 예배자로 설 수 있다고 말한다. 오히려 음악이란 세상에서 신실한 예배자로 살아가라고 나의 등을 토닥여주며, 마음 한구석을 지그시 누르던 무겁고 불편했던 짐을 걷어치워 준다.

『월요일의 예배자』는 무엇보다 내가 종사하는 음악이라는 세상과 영역을 어떻게 바라보아야 하는지, 그리스도인 연주자로서 내가 속한 세상 속에서 어떤 방향을 향해 걸어가야 할지 성경에 기초한 대답을 명쾌하게 제공한다. 나와 같이 음악이란 영역에서 신앙과 일로 고민하는 많은 그리스도인 뮤지션들이 이 책을 읽고 마음의 평안과 자유를 맘껏 누리길, 각자의 자리에서 신실한 예배자로 살아가길 바라는 마음을 꾹꾹 눌러 담아 이 책을 추천한다.

황정관 드러머 (황정관 밴드 리더, 경희대, 동아방송예술대, 중부대, 명지전문대,
백석예대 겸임 교수)

월요일의 예배자

월요일의 예배자

월요일의 예배자

지혁철 지음

일터는
신앙이 사라지는 곳이 아니라
신앙이 드러나는 곳입니다

드림북

소중한 일상을 함께 살아가는
아내 한나, 아들 유건, 딸 유은이에게

들어가는 글: 우리는 왜 일하는가?
낮선 질문이 던지는 익숙한 고민

'목사님은 세상을 몰라서 편하게 설교하시는 것 같아요.'

정확한 문장은 아니지만, 전도사 때부터 강도사를 거쳐 부목사로 사역하는 동안 성도님들에게서 종종 들었던 말씀입니다. 치열한 세상을 살아가는 성도님들이 보시기에 직장 생활 한 번 해보지 않은 목회자가 고민 없이 쉽게 설교한다고 생각해서 하신 말씀이 아닐까 싶습니다. 이 말씀을 해본 성도님들도 계실 테고 이 말씀을 들어본 목회자들도 적지 않을 것 같습니다. 일과 관련해서 글을 쓴다는 것이 과연 직장 생활 한 번 해보지 않은 목회자가 할 수 있는 일인지, 주제넘은 행동은 아닌지 마음이 쓰입니다. 교회를 개척하면서 약 2년 6월 정도 병원 원목으로 일하면서 일터와 직장인들의 삶을 조금은 맛보아 알고 있다고 말하고 싶지만, 언감생심인 것을 제가 잘 알고 있습니다.

목회자의 이중직에 관한 이야기가 한동안 뜨거웠습니다. 주변에도 일하면서 목회하시는 목사님들이 적지 않습니다. 가족을 부양하기 위해 일하면서 목회하시는 목사님들이 일과 신앙, 일터 영성을 더 깊이 이해하실 것이고, 하실 말씀도 많고, 고민도 더 많이 하셨을 것이 틀림이 없습니다.

그분들 앞에서 감히 제가 일과 신앙에 관한 글을 쓴다는 것이 얼마나 무모한 일인지 알고 있습니다. 이래저래 일과 신앙, 일터 영성에 관한 글을 쓰기가 저에게는 상당한 부담이었다는 점을 먼저 밝히고 싶습니다.

일에 관해 글을 쓰게 된 주요한 동기가 있습니다. 풀러 신학교에서 목회학 박사학위를 공부하는 동안 일터 신앙(일터 영성)에 관한 수업을 수강하면서, 일터 영성의 대가라고 불러도 좋을 폴 스티븐스 교수님에게서 배우는 특권을 누렸습니다. 폴 스티븐스 교수님은 목회자이자 교수로 사역하실 뿐 아니라 전업 목수로도 일하신 독특한 이력이 있었습니다. 지나온 삶의 궤적을 돌아보면서 자연스럽게 일에 관해 연구하셨고, 일의 신학을 집대성한 후에 강의와 책으로 힘써 소통하고 가르치셨습니다. 수업이 정말로 신선했습니다. 수업을 듣는 동안 여러 번 가슴이 고동치는 것을 경험했습니다. 일과 관련하여 직장인들이 어떤 고민과 고통을 끌어안고 살아가는지 질문하고, 나라면 어떤 선택을 내릴지 토론하면서 직장인의 애환을 조금은 더 깊이 맛볼 수 있었습니다.

사실, 두 번째 유학에 오른 것은 설교 때문이었습니다. 고신교단에서 자란 저의 설교는 다른 목사님의 설교와 스타일이 확연히 달랐습니다. 질문이 생길 수밖에 없었습니다. '목사로 살아가는 동안 계속 설교할 텐데, 별다른 일이 없다면 고신교단에서 계속 사역할 텐데, 나는 이렇게 설교해도 될까?'라는 생각이 떠나지 않았습니다. 다른 사람을 흉내 내고 싶다거나, 다른 사람과 똑같은 방식으로 설교하고 싶은 마음이 아니라 공부와 연구를 통해 나의 설교 스타일을 확인하고 싶은 마음이 컸습니다. 당연히 학위 논문은 설교와 관련해서 쓰겠다고 유학하러 가기도 전에 결정해 놓았습니다.

일과 관련한 수업을 들으면서 이 오랜 결심이 흔들리는 것을 느꼈습니다. 누구보다 나 자신이 충격을 받았습니다. 미셔널 처지(Missional Church)와 일터 영성(Marketplace and Faith)을 잘 버무린 논문을 쓰고 싶다는 생각에 사로잡혀 논문 제목과 목차까지 작성했었습니다. 은사이자 일터 영성의 대가이신 폴 스티븐스 교수님께 메일을 써서 이런 주제로 학위 논문을 쓰겠다고 말씀을 드렸습니다. 본격적으로 논문을 진행하면 교수님께 여쭙고 싶은 것이 많아 인터뷰가 필요하다는 것과 교수님의 탁월한 조언을 구하겠다고도 말씀드렸습니다. 폴 스티븐스 교수님은 이 시대에 일과 신앙은 절대적으로 중요한 주제라고(It is vitally important….) 말씀하시면서 좋은 논문을 기대하시겠다는 격려의 회신을 보내 주셨습니다.

순탄할 것 같았던 학위 논문은 동기 목사님들의 반대라는 암초를 만났습니다. 제가 미셔널 처치와 일터 영성을 묶어 논문 쓰겠다고 말하자 동기 목사님들이 무슨 말도 안 되는 소리를 하냐며 잔소리를 쏟아놓으셨습니다. 엉뚱한 생각 하지 말고 원래 계획대로 설교로 논문을 쓰라고, 지목사가 설교 관련 논문 안 쓰면 누가 쓰냐고 적극적으로 만류하셨고, 회유하셨습니다. 고심 끝에 원래 목적대로 설교로 논문을 쓰기로 회심했던 기억이 있습니다. 그 공부의 결실이 저의 첫 번째 책 [설교자는 누구인가]입니다.

일과 신앙, 신앙과 일을 연결하는 것이 저의 큰 관심사라는 것을 말씀드리고 싶어서 에둘러 왔습니다. 목사로 살아왔기에 성도님들과 같은 방식으로 세상을 경험하지 못했고, 일터의 애환을 맛보지 못한 것은 부인할 수 없는 사실입니다. 이 글을 쓸만한 작은 자격이라도 끌어모아 보고 싶은 마음에 일과 관련한 모든 기억을 더듬어 보았습니다. 시골에서 자라면서 손에 굳은살이 박이고 지문과 뼈가 닳도록 일하시는 부모님을 도와 틈틈이 논밭, 바다에서 일한 기억이 있습니다. 대학생 때 학비를 마련하고자 여름 방학과 겨울 방학에 막노동부터 군고구마 장사까지 여러 가지 아르바이트를 했습니다. 첫 유학 시절 생활비 마련을 위해 신발 가게, 식당, 학교에서 일하기도 했었습니다. 고작 이것이 전부이지만, 그나마 일터를 체험한 현장이라고 낯짝도 두껍게 슬그머니 내놓습니다. 그래 봐야 직업 최전선에서 살아가시는 성도님들의 삶을 다 헤아릴 수 없다는 것을 알고 있습니다.

바로 이 사실이 일과 신앙, 신앙과 일을 연결하고 싶은 열망을 더 크게 만들었다고 해도 지나친 말은 아닙니다. 목회자는 성도와 떼려야 뗄 수 없는 관계에 있습니다. 설교자는 허공에다 하나님 말씀을 선포하는 것이 아니라 인격적인 관계를 맺고 있는 청중에게 말씀을 전하고 나눕니다. 게다가 설교자로서 저는 하나님의 말씀으로 청중의 삶을 변화시키는 것(첫 번째 청중은 바로 저입니다)을 설교의 목표로 삼고 있습니다. 청중의 삶에 깊은 관심을 가질 수밖에 없다는 말씀입니다. 그 관심은 자연스럽게 저의 마음과 시선을 청중이 살아가는 일터를 향하게 했고, 일에 관해 가르치는 성경 말씀으로 이끌었습니다.

잘 알고 있는 것처럼 성경 인물들은 진공상태 혹은 멸균상태를 살아간 것이 아닙니다. 그들 역시 거친 세상 속에서 치열한 삶을 살아갔습니다. 하나님의 일꾼으로 부름을 받았지만, 종사하던 일을 포기하지 않은 인물도 적지 않습니다. 아니 대다수 성경 인물들은 자기가 살아가는 곳에서 일하면서 살았습니다. 하나님께서는 그들에게 깊은 관심을 쏟으셨고, 그들에게 말씀하셨으며, 그들을 통해 일하셨습니다. 이 단순한 두 진리를 연결하면서 성경 속에서 일에 관한 말씀을 톺아보고, 일터에서 치열하게 살아간 인물들의 신앙을 추적해 보았습니다. 그 안에서 발견한 원리를 이 땅에서 치열하게 일하며 살아가는 그리스도인, 일과 신앙을 연결하기 위해 고민하는 그리스도인들과 나누고 싶었습니다. 그 결과가 바로 이 책입니다.

'일하기 싫다!'라는 말을 입에 달고 사는 사람이 있는가 하면, '일 중독자(Workaholic)'도 많습니다. 하루빨리 일선에서 물러나 마음껏 놀고 쉬려는 사람이 있는가 하면, 은퇴 이후에도 부지런히 일하시는 분도 적지 않습니다. 일에 관한 성경의 가르침을 주목하고, 일에 관한 우리의 생각과 마음과 태도를 점검하고 조율할 때 우리는 치열한 일터에서 신실한 그리스도인으로 살아갈 것입니다.

신앙은 주일에서 끝나지 않습니다.
신앙은 월요일에도 계속됩니다.
주일의 예배자가 아니라 월요일의 예배자로 살아가는 삶을 꿈꾸며 이 책을 시작합니다.

지혁철

차례

1부

일의 본질을 묻다: 성경적 일터 관점

1장

일의 탄생, 그리고 타락:
에덴에서 시작된 거룩한 노동 이야기

하나님이 말씀하시기를 우리가 우리의 형상을 따라서, 우리의 모양대로 사람을 만들자. 그리고 그가, 바다의 고기와 공중의 새와 땅 위에 사는 온갖 들짐승과 땅 위를 기어다니는 모든 길짐승을 다스리게 하자하시고,
하나님이 당신의 형상대로 사람을 창조하셨으니, 곧 하나님의 형상대로 사람을 창조하셨다. 하나님이 그들을 남자와 여자로 창조하셨다.
하나님이 그들에게 복을 베푸셨다. 하나님이 그들에게 말씀하시기를 생육하고 번성하여 땅에 충만하여라. 땅을 정복하여라. 바다의 고기와 공중의 새와 땅 위에서 살아 움직이는 모든 생물을 다스려라 하셨다.

창세기 1:26-28, 새번역

‘건물주’, ‘배당주’, ‘파이프라인’, ‘경제적 자유’라는 말을 들어보셨을 것입니다. 요즘 젊은이들 사이에 널리 사용되는 단어입니다. 이 단어들이 가리키는 것은 분명합니다. 되도록 적게 일하거나, 할 수만 있다면 일하고 싶지 않다는 뜻입니다. 조금 더 구체적으로 말한다면 ‘따박따박’ 나오는 월세나 배당주를 통해 안정적이고 고정적인 수익을 올리면서 인생 즐기면서 살고 싶다는 열망을 담은 단어입니다. 일하지 않고 자는 동안에도 파이프라인을 통해 수입을 올리자는 말이며, 그 결과로 경제 문제에서 자유를 얻고 인생 즐기며 살자는 가치를 표현한 단어들입니다. 이런 가치관이나 세계관에 비추어 본다면 일은 피해야 할 무엇에 지나지 않습니다. 거칠게 표현한다면 일은 나쁜 무엇이라고 말할 수 있을 것입니다.

일에 관해 단순하지만, 꼭 생각해 보아야 할 것이 있습니다. 우리가 살아가는 삶에서 좋든 싫든 일은 굉장한 의미가 있다는 사실입니다. 일이 사람에게 어느 정도의 의미가 있는지 찾는 것은 어렵지 않습니다. 누군가는 시간이 돈이라고 말했고, 비슷한 의미로 시간이 금이라고 말한 사람도 있습니다. 어떤 사람은 인생에서 가장 중요한 것이 시간이라고 말합니다. 시간은 유한한 삶을 살아가는 사람에게 가장 중요한 것 중의 하나임이 틀림없습니다.

이 개념을 가지고 일을 생각해 보면 놀라운 사실을 발견할 수 있습니다. 일반적으로 사람에게 가장 의미 있는 시간은 아침부터 저녁까지라고 할 수 있습니다. 이 가장 의미 있고 중요한 시간 대부분을 우리는 일터에서 보냅니다. 직장인은 회사에서, 전업주부는 가정에서, 학생은 학교에서 그 시간을 보냅니다. 시간을 어디에서 주로 사용하는가만 살펴보아도 우리 삶에서 일이 차지하는 비중이 그야말로 엄청나다는 것을 쉽게 알 수 있습니다. 이 사실을 생각하면 삶을 살아가면서 한 번쯤은 멈춰 서서 우리 인생의 가장 중요한 시간을 사용하는 일과 그 시간을 보내는 일터에 관해 진지하게 질문하고 대답하는 시간이 필요하다는 것을 알 수 있습니다. 충실한 삶, 더 나은 삶을 원한다면 자주 이 질문을 자신에게 던지고 대답을 찾아보아야 할 것입니다.

우리 그리스도인도 다르지 않습니다. 아니 다시 오실 예수 그리스도를 기다리며 이 땅에서 청지기의 삶을 살아가야 할 그리스도인에게 있어서 일은 정말로 중요한 가치가 있습니다. 이렇게나 중요한 일에 대해 성경은 무엇을 가르치고 말씀하시는지, 하나님은 일을 어떻게 보시고 어떻게 생각하시는지 질문하고 대답을 찾아가는 것은 그리스도인에게는 선택이 아니라 필수입니다. 말씀을 통해 성경에 기초한 일의 가치를 정립하고, 어떤 마음과 생각과 태도로 일해야 할지 살펴보겠습니다. 말씀을 살펴보면서 일을 바라보는 우리의 시선과 마음, 일터를 향하는 우리의 생각과 태도에 선하고 아름다운 변화가 일어나길 축복합니다.

일하고 싶지 않은 사람들: 판도라의 상자에서 나온 저주

먼저 일에 관한 동서양의 가르침과 가치를 간단하게 살펴보겠습니다. '판도라의 상자'라는 말이 있습니다. 판도라의 상자는 그리스·로마 신화에서 만나는 이야기입니다. 그리스·로마 신화에 나오는 신 중의 최고의 신이라고 할 수 있는 제우스가 판도라에게 상자를 선물로 주었습니다. 제우스는 판도라에게 상자를 주면서 한 가지 단서를 붙였습니다. 절대로 그 상자를 열면 안 된다는 조건이었습니다. 애초에 상자를 주지 않았다면 모를까, 상자를 주면서 열어보지 말라는 것은 무슨 심보일까요?

　판도라는 상자 안이 너무 궁금했습니다. 상자를 열어보지 말라고 하니 상자를 열어 그 안에 무엇이 들었는지 보고 싶은 마음은 더 간절해졌습니다. 시간이 가면서 판도라의 마음은 상자로 가득 차버리고 말았습니다. 호기심 때문에 거의 죽을 지경이 된 판도라는 견디지 못하고 상자를 열기로 했습니다. 제우스가 두려워 활짝 열지는 못하고 상자 뚜껑을 아주 살짝 열었습니다. 소용없었습니다. 상자 안에 들어 있는 것들은 총알처럼 쏟아져 나왔습니다. 문제는 판도라의 기대와는 달리 상자 안에서 나온 것은 슬픔과 질병, 가난과 전쟁, 증오와 시기 등 온갖 종류의 나쁘고 악한 것들이었다는 점입니다. 아뿔사! 판도라는 서둘러 뚜껑을 닫았지만, 나와야 할 것은 다 나와버리고 상자에는 오직 희망만이 남았다는 이야기입니다. 판도라가 상자를 열었을 때 쏟아져 나온 그 온갖 나쁜 것 중에 '일'이 있었습니다. 인류 역사의 중요한 한 축인 서양 역사에서 사람들이 '일'을 어떻게 생각했는지 엿보게 하는 대목입니다.

　인류 역사의 다른 한 축이라고 할 수 있는 동양은 어떨까요? 고대 동양 사회 역시 철저한 신분과 계급으로 유지되었습니다. 비교적 우리와 가까운 조선 시대를 보십시오. '양반'과 '상놈'이라는 도무지 극복할 수 없는 신분 제도가 있었습니다. 그런 시대에 일은 누구의 몫이었을까요? 특별히 육체노동은 누구 차지였을까요? 낮고 천한 사람이었던 상놈의 몫이었습니다. 그때는 유교 문화가 지배적이었으며, 체면을 정말로 중요하게 여겼던 시대였습니다. 체면을 생명처럼 중요하게 여겼던 양반은 굶어 죽으면 죽었지, 일하지 않으려고 했습니다. 그들은 육체노동을 사망선고처럼 여겼습니다. 지금 우리와는 다소 동떨어진 이야기지만, 동양 역사 속에서 일에 대한 기본적인 가치관을 보여주기엔 충분합니다. 동양 역시 서양과 마찬가지로 일을 천하고 나쁜 것으로 여겼습니다.

월요병과 파이프라인: 일터의 현실은 왜 고통스러운가?

지금 21세기 대한민국에서는 어떨까요? 21세기를 살아가는 우리에게 일은 예전과는 다른 대접을 받을까요? 일에 대한 우리의 생각, 일을 바라보는 우리의 시선, 일에 대한 가치는 이전과 정말로 달라졌을까요? 부끄럽다고 해야 할지, 당혹스럽다고 해야 할지 현실을 주목하면 전혀 그렇지 않다는 것을 쉽게 발견할 수 있습니다. 여러 직장인에게서 찾을 수 있는 주요한 특징이자 공통점이라고 부를 수 있는 것이 있습니다. 많은 직장인이 자기가 하는 일을 좋아하지 않는 것처럼 보인다는 사실입니다.

일과 관련해서 자주 하는 말은 "출근하기 싫다." "안 할 수 없으니까." "휴가만 기다리고 있다." "매주 월요병에 시달린다." "일은 적게! 월급은 많이!"와 같은 말들입니다. 일을 좋아하지 않고, 일에 만족하지 못하기 때문에 흘러나오는 말입니다. 자기 일에 만족하는 사람은 극소수입니다. 절대다수가 일에서 행복을 느끼지 못하고 만족감을 누리지 못하는 것처럼 보입니다. 남의 이야기가 아니라 나의 이야기입니다. 자신에게 질문해 보면 좋겠습니다. '일'이라는 말을 들을 때 제일 먼저 떠오르는 생각이나 느낌

은 무엇입니까? 긍정적인 생각과 느낌이 먼저 떠오릅니까? 아니면 부정
적인 느낌부터 듭니까? 아마 후자가 아닐까 싶습니다. 동서고금을 막론하
고 일은 주로 좋지 않은 평가를 받는 것 같습니다.

하나님, 첫 번째 노동자: 인간은 왜 일하도록 창조되었는가?

한 처음부터 사람이 일을 좋지 않게 생각했던 것은 아닙니다. 정말로
그렇습니다. 그 대답을 성경에서 찾을 수 있습니다. 말씀을 보십시오. 하
나님은 사람을 만들어 모든 피조물을 다스리게 하자고 말씀하셨습니다.
사람을 만드신 후 하나님은 '생육하고 번성하고 충만하라'라고 말씀하셨
고, '땅을 정복하고 바다와 하늘과 땅에서 살아 움직이는 모든 것을 다스
리라'라고 명령하셨습니다. 한마디로 일하라는 말씀입니다. 하나님은 사
람을 일하는 존재(Homo Faber)로 지으셨습니다. 창세기 2:15 말씀을 보겠
습니다.

> *여호와 하나님께서 사람을 데려다가 에덴동산에 두시고,*
> *그것을 **경작하며 지키게** 하셨다. (창세기 2:15, 바른 성경)*

하나님은 아담을 에덴동산에 두시고 에덴동산을 경작하며 지키라고 말
씀하셨습니다. '경작하다'라는 말은 농사만을 의미하는 것이 아닙니다. 에
덴동산을 더욱 살기 좋은 곳으로 바꾸어 가고 발전시켜가라는 훨씬 더 폭
넓은 의미로 보아도 좋습니다. '지키다'라는 말은 빼앗으려는 존재가 있다
는 것을 전제로 합니다. 누군가 빼앗으려 하거나 망가뜨리려는 세력이 있

                                    월요일의 예배자

어야 그것을 지킬 필요가 생기는 법이니까요.

　복잡해 보이지만, 핵심은 간단합니다. 하나님이 지으신 세상을 아름답게 만들고 소중하게 여기고 잘 돌보고 가꾸라는 말씀입니다. 이 말씀 이후 아담이 어떻게 했다는 기록이 없습니다. 성경을 읽다 보면 종종 이런 부분을 만날 수 있습니다. 거룩한 상상력을 마음껏 발휘할 수 있는 여백입니다. 하나님께서 아담을 지으시고 에덴동산으로 데려오셨습니다. 그 땅을 경작하게 하셨습니다. 하나님께서 아담에게 에덴동산을 더욱 살기 좋은 곳으로 바꾸어 가며 아름답게 지켜가라고 명령하셨습니다. 어려울 것이 없습니다. 하나님은 아담에게 일하라고 명령하신 것입니다. 그다음이 중요합니다. 상상해 봅시다. 하나님의 명령을 받은 아담은 어떤 마음으로 일을 바라보았고, 어떤 태도로 일했으며, 그 결과는 무엇이었을까요?

　하나님의 형상대로 지음을 받은 아담은 창의력을 발휘하면서 즐겁고 기쁘게 일했을 것입니다(창 2:19). 타락하기 전이라는 사실을 생각하면 아담은 일한 대로 결과를 얻었을 것이 틀림이 없습니다. 일한 대로 결과를 얻는 것이 얼마나 놀라운 일인지는 일해 보신 분이라면 누구나 이해하실 것입니다. 일했다고 해서 일한 대로 거두지 못합니다. 내가 일했지만 다른 사람이 결과를 가로채기도 하지요. 아담은 창의적으로 일했을 뿐 아니라 일한 대로 결과를 얻었을 것입니다. 놀라운 복을 누렸고 대단한 성취감을 맛보았을 것입니다.

　얼마 후 하나님은 아담에게 돕는 배필을 주셨습니다. 아담이 혼자 사는 것을 좋아하지 않으셨기 때문입니다. 단지 아담이 혼자 사는 것을 원하시지 않았기 때문은 아닙니다. 하나님께서 아담에게 돕는 배필을 주신 중요한 이유는 맡기신 일을 함께 이루어갈 동역자가 아담에게 필요했기 때문입니다. 아담 혼자서 감당하기엔 하나님이 맡기신 사역과 사명은 정말로 원대했습니다. 하나님께서 맡기신 원대한 사역을 함께 이루어갈 동역자가 필요하다는 것을 하나님이 아셨고, 서로 도우면서 그 사명과 사역을 이루어갈 베필을 붙여주신 것입니다. 쉽게 말해 원대한 하나님의 일을 함께 이루어가게 하시려고 하와를 지으셨다고 보아도 좋을 것입니다. 하나님의 의도대로 아담과 하와는 서로를 도와가면서 즐겁게 일했을 것이고, 일할 때마다 일한 대로 결과를 얻었을 것입니다. 그들은 일을 통해 하나님의 뜻을 이루었고 성취감을 맛보았을 것입니다. 그들에게 일은 조금도 나쁜 것이 아니었습니다.

가시와 엉겅퀴의 세상: 일이 고통으로 변한 순간

얼마나 지났을까요? 아담과 하와가 선악과를 따먹으면서 모든 것이 꼬이고 망가지고 왜곡되고 말았습니다. 사람만 망가진 것이 아닙니다. 모든 피조 세계와 그 안에 속한 모든 것이 망가졌습니다. 당연히 일도 엉망이 되고 말았습니다. 창세기 3:17~18 말씀을 읽어보겠습니다.

> 그리고 아담에게는 이렇게 말씀하셨다.
> "너는 아내의 말에 넘어가 따먹지 말라고 내가 일찍이 일러둔
> 나무 열매를 따 먹었으니, 땅 또한 너 때문에 저주를 받으리라.
> 너는 죽도록 고생해야 먹고 살리라.

창세기 2:15 말씀을 다시 떠올려 보십시오. 이 두 사람은 에덴동산을 경작하고 지키라는 사명을 받았고 충성스럽게 일했습니다. 선악과를 따먹기 전까지만 해도 일은 대단한 도전일 뿐 아니라 성취감을 맛보는 통로였습니다. 이 두 사람은 하나님께서 맡기신 일을 통해 기쁨과 즐거움을 맛보았을 것입니다. 선악과 사건 이후 모든 것이 타락하고 왜곡되고 망가졌습니다. 일한대로 거두기는커녕 땅이 가시와 엉겅퀴를 내기 시작했습니다. 땅을 경작하고 지키는 일이 말 그대로 일이 되고 말았습니다. 일이 굉장히 어렵고 힘들고 복잡하고 짜증이 나는 무엇으로 변하고 말았다는 뜻입니다. 인류의 범죄로 인해 일이 저주를 받았고, 기쁨과 즐거움의 근원이었던 일이 고통과 괴로움의 근원으로 바뀌었습니다.

아담과 하와 이후로 모든 사람은 일터에서 가시덤불과 엉겅퀴를 만납니다. 열심히 일해도 수고한 만큼의 결과를 얻지 못합니다. 재주는 곰이 부리고 돈은 왕서방이 받는다는 말이 괜히 생긴 것이 아닙니다. 함께 일하는 사람과 관계가 꼬이거나 깨지기도 합니다. 억울한 누명을 쓰기도 합니다. 지금도 우리는 일터에서 거의 매일 가시덤불과 엉겅퀴를 경험합니다. 목사라고 다를 것이라는 생각은 지나친 오해입니다. 부목사로 사역하면서 여러 가지 복잡한 이유로 교역자실에 출근하기가 싫었던 적이 있었고, 사역이 힘들었던 적도 종종 있었습니다. 목회자들의 일터도 이런데 하물며 일반 직장에서 겪는 가시와 엉겅퀴의 강도와 농도는 더 말할 필요가 없을 것입니다. 그렇다면 일은 나쁘고 악하고 피해야 할 것일까요? 한마디로 말해 과연 일은 저주일까요?

일 자체는 선하다: 타락했으나 망가지지 않은 일의 본질

성경은 일을 동서양의 역사나 철학, 사상과는 전혀 다른 시각으로 봅니다. 성경이 가르치는 일을 바르게 알기 위해서 '순서'를 주목해야 합니다. 창세기 1장을 펴자마자 우리는 일하시는 하나님을 만납니다. 하나님은 일하시는 분입니다. 선하신 하나님이 일하시는 분이라는 진리는 일 자체가 선하다는 강력한 증거입니다. 그렇다면 하나님이 하시는 일만 선한 것일까요? 전혀 그렇지 않습니다. 말씀을 보십시오. 하나님은 당신이 창조하신 세상을 돌보고 섬기게 하려고 사람을 지으셨습니다. 사람을 지으신 후에는 말씀하신 대로 하나님의 일을 맡기셨습니다. 하나님께서 맡기신 일은 하나님의 일이었고, 사람이 맡은 일 역시 선할 수밖에 없습니다.

사람이 있기 전에, 사람이 죄를 짓기 전에 일이 있었습니다. 게다가 사람은 처음부터 일꾼으로 지음을 받았습니다. 일도 선하고 사람도 선하게 지음을 받았습니다. 이후 사람이 죄를 지어 땅이 저주받아 가시덤불과 엉겅퀴를 내기 시작했습니다. 일 역시 타락하고 왜곡되고 일그러진 것입니다. 이런 심각한 왜곡과 타락이 일어난 후에도 하나님은 일 자체가 문제라거나 저주라고 말씀하지 않으셨습니다. 오히려 사람도 일도 새롭게 되어야 한다는 것이 성경의 일관된 가르침입니다.

성경을 보면 일이 여전히 선하다는 증거는 차고 넘칩니다. 하나님은 인류가 타락한 이후에도 여전히 일하시는 분입니다. 하나님은 지금도 죄로 망가지고 얼룩진 우주를 통치하시고 세상을 경영하십니다. 우리 한 사람 한 사람의 삶에 개입하시고 선한 길로 인도하십니다. 일이라는 관점에서 성경을 읽어보십시오. 하나님께서 얼마나 열심히 일하시는지, 하나님이 하시는 일이 얼마나 선하고 아름다운지 보게 될 것입니다. 또한, 하나님께서 우리를 여러 가지 일로 부르신다는 것을 발견할 것입니다.

나중에 자세히 살펴보겠지만, 예수는 일이 선하다는 사실을 보여주는 증인 중의 증인입니다. 고대사회는 말할 것도 없고 지금도 목수를 좋은 직업, 주목받는 직업으로 보지 않습니다. 이 땅에 오신 예수는 일꾼으로 사셨습니다. 예수의 직업이 바로 목수였습니다(막 6:3). 나사렛 인근에 세포리스라는 도시가 있었습니다. 예수께서 나사렛에 사실 때 새롭게 건설된 도시입니다. 학자들은 마리아의 남편 요셉이 이곳에서 일했고, 목수였던 예수께서도 어쩌면 세포리스 건설에 참여했을 것으로 추정합니다. 고대사회에서 목수가 살아가는 세상이 우아하거나 교양미 넘친다고 말하기는 어렵습니다. 목수였던 예수가 거친 일터에서 치열하게 살아가셨다는 뜻이며, 많고 다양한 사람들 속에서 험한 세상을 경험하셨다는 뜻입니다.

예수께서 목수로 일하신 것은 일이 선하다는 증거일 뿐 아니라 죄로 물들고 타락한 일을 새롭게 하셨다는 의미까지 포함합니다. 예수께서 세례 받으실 때 하나님께서 예수를 사랑하고 기뻐하신다고 말씀하셨습니다.

이 말씀은 공생애 사역과 공생애 사역을 시작하는 예수만 사랑하고 기뻐한다는 말이 아닙니다. 예수의 모든 삶을 좋아하고 기뻐하신다는 뜻입니다. 하나님은 낮고 천한 목수로 살아온 예수의 삶을 주목하셨습니다. 누군가의 식탁과 의자를 만들고, 목각 인형을 만들고, 집을 고치고 수리했을 뿐 아니라 '세포리스' 건축에 참여한 예수의 모든 삶을 하나님은 사랑하고 기뻐하셨습니다. 목수 예수는 공생애 사역을 시작하시기 전 먼저 일과 일터를 새롭게 하셨습니다. 일을 원래의 모습으로 회복하셨고, 일을 처음 자리로 돌려놓으셨습니다. 목수 예수는 죄로 인해 일이 왜곡되고 타락했지만, 일 자체는 여전히 선하다는 것을 보여주는 최고의 증인입니다. 예수 안에서 우리가 새로운 피조물이 되는 것처럼, 일 역시 예수 안에서 선하고 아름답게 변합니다.

예수 안에서: 일은 어떻게 축복의 통로가 되는가?

일에 관한 이 진리와 성경의 가르침을 붙들어야 합니다. 예수께서 죄로 타락하고 망가진 일을 선하고 아름답게 바꾸셨습니다. 아담과 하와의 범죄로 저주받은 일이 둘째 아담 예수 안에서 선한 것이 되었고, 축복의 통로가 되었습니다. 예수 안에서 새로운 피조물이 된 저와 여러분이 하는 일을 통해 하나님은 세상 곳곳에 은혜를 흘려보내시고, 우리가 하는 일을 통해 인류와 세상을 향하신 당신의 크고 놀라운 뜻을 이루어가십니다. 게다가 우리는 장차 완성될 하나님 나라에서도 일할 것입니다(마 25:21, 23).

성경 말씀과 가르침에 비추어 보면 일은 저주가 아니라 축복입니다. 우리는 일을 통해 하나님을 사랑하고 섬길 뿐 아니라 이웃을 사랑하고 섬깁니다. 물론 일과 일터에서는 불쑥불쑥 가시와 엉겅퀴가 돋아날 것입니다. 그렇다고 일 자체가 악하다고 생각해서는 안 됩니다. 오히려 가시와 엉겅퀴를 걷어치우신 예수와 적극적으로 동행하고, 예수를 의지해야 할 이유입니다. 예수 안에서 일이 비로소 제자리를 찾기 때문입니다. 예수를 통해 예수 안에서 일은 선하고 아름답게 변하며, 의미로 가득하게 됩니다. 예수로 인해 직업의 귀천이 사라지고, 모든 직업은 성직으로 변합니다.

일을 새롭게 하신 예수를 신뢰하며 그분과 함께 일터로 나아갈 때, 우리의 일상적인 노동마저 하나님의 뜻을 이루는 거룩한 사명이 됩니다. 이는 태초에 하나님께서 인간을 창조하시며 세상을 돌보고 다스리도록 부르신 소명에 다시 참여하는 길이기도 합니다. 그렇습니다. 예수 안에서 일은 타락으로 인해 왜곡된 저주가 아니라, 창조의 질서를 회복하는 축복의 통로로 변합니다. 일꾼으로 지음받은 우리에게 이보다 더 아름다운 소식은 없을 것입니다.

더 깊은 묵상을 위한 나눔 질문

1. 당신은 '일'이라는 단어를 들을 때 주로 '출근하기 싫다', '고통스럽다'는 느낌을 먼저 받습니까, 아니면 '성취감', '기여'와 같은 긍정적인 느낌을 먼저 받습니까? 만약 부정적인 느낌이 크다면, 그 이유는 무엇이라고 생각하십니까? 일의 본질이 '하나님의 선물'이라는 진리가 당신의 하루를 어떻게 바꿀 수 있을까요?

2. 당신의 일터나 가정에서 당신을 가장 힘들게 하고 '일이 저주처럼 느껴지게 하는' '가시와 엉겅퀴'(예: 복잡한 사람 관계, 부당한 대우, 반복되는 실수, 지루함 등)는 무엇입니까? 이 문제를 '일 자체의 문제'가 아닌 '죄로 인해 왜곡된 현실'로 보는 데 가장 큰 어려움을 무엇입니까? 일을 회복시키신 예수께 이 상황을 어떻게 맡겨야 할까요?

3. 당신의 직업이나 하는 일에 대해 '낮은 일이다', '사람들이 알아주지 않는다'는 생각을 해본 적이 있습니까? 목수 예수의 삶을 통해 '모든 직업은 성직(거룩한 일)'이 될 수 있다는 진리를 깨닫는다면, 당신이 하는 일의 '선하고 아름다운 의미'는 무엇일까요? 생각해 보고 나누어 봅시다.

4. 당신이 직접 하는 일(혹은 노동의 결과)이 '다른 사람에게 어떤 도움이나 유익'을 주고 있습니까?(예: 제품으로 안전 제공, 서비스로 편리 제공, 청소로 쾌적함 제공 등) 당신의 일이 '하나님의 은혜를 흘려보내는 축복의 통로'라고 느꼈던 가장 최근의 경험은 언제였으며, 그 경험을 더 자주 만들기 위해 무엇을 실천할 수 있을까요?

2장

일꾼 하나님, 일꾼 사람: 하나님과 함께 하는 일의 의미

태초에 하나님이 천지를 창조하셨다.

창세기 1:1, 바른 성경

하나님이 말씀하시기를 우리가 우리의 형상을 따라서, 우리의 모양대로 사람을 만들자. 그리고 그가, 바다의 고기와 공중의 새와 땅 위에 사는 온갖 들짐승과 땅 위를 기어다니는 모든 길짐승을 다스리게 하자 하시고,

창세기 1:26, 새번역

주 하나님이 사람을 데려다가 에덴 동산에 두시고, 그 곳을 맡아서 돌보게 하셨다.

창세기 2:15, 새번역

사람은 왜 일할까요? 왜 일 때문에 울고 웃는 걸까요? 어쩌면 돈 때문일지도 모릅니다. 자본주의 세상을 살아가는 우리에겐 돈이 필요하고, 돈이 중요한 위치를 차지합니다. 돈 때문에 일하고 돈 때문에 울고 웃는다는 말은 자본주의 세상에선 자연스러운 말입니다. 그렇다고 돈이 전부는 아닙니다. 돈이 많아서 일평생 일하지 않아도 되는 사람이 있지만, 그들 역시 일합니다. 때때로 전혀 돈이 되지 않는 일이지만, 최선을 다해 일하는 사람도 있습니다. 어떤 사람은 자기 돈을 써가면서 누군가를 위해 일하기도 합니다. 자원봉사는 돈과 전혀 상관이 없지만, 많은 사람이 자원봉사에 참여합니다. 특히, 교회 일이나 단기 선교, 다음 세대를 세우는 일은 손익관점에서 보자면 절대로 하지 말아야 할 일이라고 해도 지나치지 않습니다. 무슨 말입니까? 일을 단지 돈의 관점으로만 해석할 수 없다는 뜻입니다.

다시 질문이 생깁니다. 사람은 왜 일하는 걸까요? 일하지 않으면 뭔가 어색하고, 계속 놀아서는 안 된다는 느낌은 왜 드는 걸까요? 사람 구실 제대로 하려면 무슨 일이든지 해야 한다는 도무지 떨쳐버릴 수 없는 이 생각과 가치의 근원은 무엇일까요? 이 까다로운 질문에 대한 대답을 성경 말씀 속에서 찾아보겠습니다.

태초에 하나님이 일하셨다: 창세기 1:1, 익숙한 말씀의 낯선 의미

성경을 펼치면 첫 번째로 만나는 책이 창세기입니다. 창세기의 첫 번째 구절은 너무나 유명해서 그리스도인은 말할 것도 없고 기독 신앙이 없으신 분들도 잘 알고 있는 말씀입니다. 인류의 근원은 물론 지구와 우주가 어떻게 시작했고, 존재하게 되었는지 간결한 언어로 들려주는 말씀입니다. 저 유명한 창세기 1:1 말씀을 읽어보겠습니다.

태초에 하나님이 천지를 창조하시니라. (창세기 1:1, 개역 개정)

성경을 읽고 묵상하는 데 있어서 익숙함은 종종 함정으로 작용하기도 합니다. 말씀이 익숙하다 보니 마치 말씀을 다 이해하는 것으로 착각하는 일이 생기기도 합니다. 익숙한 말씀이어서 더 깊이 묵상하거나 곱씹어 보지 않을 때도 있습니다. 말씀을 읽고 묵상한다고 해도 이미 알고 있는 내용 정도에서 그치기 일쑤입니다. 말씀으로 깊이 들어가지 못하고 더 깊은 묵상을 하지 못하는 겁니다. 이런 이유로 익숙한 말씀일수록 마치 처음 읽는 것처럼 낯설게 읽을 필요가 있습니다. 창세기 1:1은 너무나 익숙한 말씀이지만, 그 안에 담긴 메시지의 깊이와 넓이를 다 헤아릴 수 없는 그야말로 엄청난 말씀입니다.

최고의 지성들이 우주와 인류의 근원에 관해 연구하지만, 아직도 시원한 대답을 내놓지 못합니다. 아무리 과학이 발전한다고 해도 대답할 수 없는 영역이지요. 가장 본질적인 기원에 관한 질문에 대해 성경은 하나님께서 세상을 창조하셨다고 대답합니다. 단순하지만 단호한 대답입니다. 그래서일까요? 누군가는 창세기 1:1 말씀을 믿을 수 있다면 나머지 성경에 기록된 모든 말씀을 믿는 것은 아무 문제가 없다고 말하기도 합니다. 정말 그렇습니다. 하나님께서 온 세상을 창조하셨다면, 구약의 수많은 기적, 예수의 동정녀 탄생, 예수의 죽음과 부활, 재림, 더 나아가 천국과 지옥까지 믿지 못할 것이 하나도 없습니다.

보시기에 좋았더라: 일꾼 하나님이 남긴 걸작에 대하여

이 엄청난 창세기 1:1 말씀은 일과 아주 밀접한 관계가 있습니다. 하나님께서 세상을 창조하셨다는 말씀은 하나님께서 일하셨다는 말과 다르지 않습니다. 성경 첫 장, 첫 절은 일하시는 하나님, 일꾼 하나님을 소개합니다. 일이라는 관점에서 창세기 1장을 보면, 심혈을 기울여 일하고 계신 하나님을 만날 수 있습니다. 여기서 우리에겐 질문력과 상상력이 필요합니다. 하나님은 어떻게 일하셨을까요? 말씀으로 뚝딱 지으셨을까요? 공장에서 공산품을 찍어내듯이 기계적으로 지으셨을까요? 우리에겐 하나님이 전능하신 분이니 얼마든지 쉽게 창조하셨을 것이라고 생각하는 경향이 있습니다.

과연 그럴까요? 이상하게 들릴지 모르지만, 그렇게 생각해서는 안 됩니다. 하나님께서 세상을 창조하실 때 대충 아무렇게나 쉽게 혹은 기계적으로 창조하지 않으셨습니다. 세상을 창조하는 일이 하나님께 버거웠다는 말이 아닙니다. 하나님께서 마음을 다해 열정과 정성과 에너지를 쏟아 세상을 창조하셨다는 뜻입니다. 이 사실을 반드시 기억해야 합니다. 대가 중의 대가이신 하나님은 세상을 창조하시되 그야말로 걸작으로 만드셨습니다. 이것은 밑도 끝도 없는 생각이 아닙니다. 창세기 1장을 주목하면 이 생각의 이유를 찾을 수 있습니다.

영화 "벤허"의 감독 윌리엄 와일러는 벤허를 다 찍고 만든 후 "신이시여, 정녕 제가 이 영화를 만들었나이까?"라는 말을 남겼다고 합니다. 사실 여부를 확인할 수는 없지만, 사실 여부를 떠나서 이 말은 온 힘을 다해 만든 작품을 보면서 스스로 감탄을 쏟아낼 수밖에 없다는 것을 보여줍니다. 위대한 예술가는 누구라도 심혈을 기울여 작품을 완성하고 난 후 한 걸음 물러서서 자기가 만든 작품을 감상합니다. 때때로 자기가 만든 작품을 보면서 자신이 감탄을 쏟아냅니다. 이런 모습을 보면서 자화자찬한다고 비난하거나 손가락질하는 사람은 없습니다. 오히려 그들의 수고에 찬사를 보내고, 그들과 함께 작품을 감상하고 탄성과 경이를 쏟아냅니다. 위대한 예술가의 이런 행동 자체가 하나님을 닮은 행동입니다.

창세기 1장 창조 기사를 보면 진정한 대가이신 하나님의 모습을 발견할 수 있습니다. 하나님께서 세상을 지으신 후 한 걸음 뒤로 물러나셔서 당신이 지으신 것을 보셨고, 당신께서 만드신 세상을 감상하셨습니다. 하나님은 작품과 같은 세상을 보시면서 좋다고 말씀하셨습니다(4, 10, 12, 18, 21, 25, 31절). 특히 31절은 모든 창조를 마치신 후 당신이 만드신 모든 작품을 감상하시는 하나님을 보여줍니다. 마음과 열정을 쏟은 모든 창조 활동을 마치신 후 하나님은 세상을 감상하셨고, 보시기에 참 좋았다는 탄성을 쏟아내셨습니다.

하나님께서 대충 일하셨다면, 기계적으로 일하셨다면, 마음과 열정과 에너지를 쏟아 창조하시지 않으셨다면 한 발짝 물러나셔서 작품을 감상하듯 세상을 감상하지 않으셨을 것입니다. 당신이 창조하신 세상을 보시면서 감탄하는 일도 없었을 것이며, 좋다고, 그것도 참 좋다고 말씀하시지도 않으셨을 것입니다. 하나님께서 마음과 열정과 에너지를 쏟으시며 세상을 창조하셨기에 당신이 지으신 세상을 감상하셨고, 아름다운 세상을 보시면서 경탄하신 것입니다. 이 사실이 우리에게 알려주는 분명한 메시지가 있습니다. 하나님께서 성실하고 탁월한 일꾼이시라는 것과 하나님께서 일을 좋아하신다는 진리입니다. 일이라는 관점에서 볼 때 창세기 1장은 성실하고 열정적이시며 탁월한 일꾼 하나님을 소개하는 말씀으로 읽을 수 있습니다.

'일꾼'으로 지음 받은 존재: 왜 우리는 일하지 않고는 못 배기는가?

세상을 창조하신 일꾼 하나님은 당신의 형상을 따라 사람을 지으시기로 하셨습니다. 그때 하나님께서 하신 말씀이 창세기 1:26 말씀입니다.

> *하나님이 이르시되 우리의 형상을 따라 우리의 모양대로*
> *우리가 사람을 만들고 그들로 바다의 물고기와 하늘의 새와 가축과*
> *온 땅과 땅에 기는 모든 것을 다스리게 하자 하시고*
> *(창세기 1:26, 개역 개정)*

하나님은 당신의 형상을 따라 사람을 만드신 후 사람에게 하나님이 창조하신 바다의 물고기와 하늘의 새와 가축과 온 땅과 땅에 기는 모든 것을 다스리게 하자고 말씀하셨습니다. 하나님께서 사람을 당신의 형상을 따라 지으셨다는 말씀을 톺아보아야 합니다. 먼저 오직 사람만이 하나님의 형상을 따라 지음을 받았다는 것을 알 수 있습니다. 하나님의 형상대로 지음을 받은 인간은 하나님으로부터 다른 피조물을 다스릴 권한을 부여받았습니다. 이 진리는 사람이 존엄하고 존귀한 이유를 알려주고, 사람이 피조 세계에서 특별한 지위를 갖는 이유를 보여주며, 그 이유가 하나님께서 시작한다는 것을 가르쳐줍니다.

무엇보다 사람이 하나님의 형상을 따라 지음을 받았다는 진리는 사람이 왜 일하는지, 일하지 않을 때 왜 어색함과 불편함을 느끼는지, 사람에게 일이 어떤 의미인지 정확하게 보여줍니다. 살펴본 것처럼 하나님은 일하시는 분, 일꾼 하나님입니다. 일꾼 하나님의 형상을 따라 지음을 받은 사람은 본성적으로 일하는 존재이며 일꾼일 수밖에 없습니다. 그렇습니다. 일꾼 하나님을 닮은 사람은 일꾼으로 태어나고 일하며 살아가도록 지음을 받았습니다.

에덴의 관리자들: 우리의 일터는 놀이터가 아닌 작업장이다.

우리가 던져야 할 올바른 질문은 '사람이 일꾼인가? 아닌가?'가 아니라, 일꾼 하나님께서 일꾼 사람을 창조하신 후 사람에게 맡기신 일이 무엇인가? 일꾼으로 창조된 사람은 어떻게 일해야 하는가? 일 것입니다. 그 대답을 성경에서 찾을 수 있습니다. 창세기 2:15 말씀은 하나님께서 사람을 지으시되 일꾼으로 지으셨다는 것을 정확하게 보여줄 뿐 아니라 일꾼 하나님께서 당신의 형상을 따라 창조하신 일꾼 사람에게 맡기신 일이 무엇인지 알려줍니다.

> *여호와 하나님께서 사람을 데려다가 에덴동산에 두시고,*
> *그것을 **경작하며 지키게 하셨다.** (창세기 2:15, 바른 성경)*

일꾼 하나님께서 일꾼 사람을 지으신 후 사람을 에덴동산에 두시고, 에덴동산을 경작하고 지키게 하셨습니다. 창세기 저자는 사람의 소임이 에덴동산을 경작하며 지키는 것이라고 가르쳐줍니다. 여기서 '경작하다'라고 번역한 히브리 단어 '아바드(עבד)'는 '섬기다', '일하다', '돌보다', '일구다'라는 뜻을 가진 단어입니다. 이 단어는 하나님께서 사람을 에덴동산에 두신 이유를 분명하게 보여줍니다. 바로 에덴동산을 섬기고, 돌보고, 가꾸어 살기 좋은 곳으로 만들어 가는 것입니다.

또한, '지키다'로 번역한 '샤마르(שמר)'라는 단어도 주목할 필요가 있습니다. 이 단어는 '지키다' '울타리를 치다' '보호하다' '주의를 기울이다' '방비하다'와 같은 뜻이 있습니다. 아무 가치가 없는 것을 지키는 사람은 없습니다. 무언가를 지킨다는 것은 그것이 소중하기 때문입니다. 하나님께서 사람에게 에덴동산을 지키라고 말씀하셨습니다. 에덴동산이 소중하다는 뜻입니다. 동시에 첫 장에서 말씀드린 것처럼 에덴동산을 지켜야 한다는 말씀은 에덴동산을 침범하고 망가뜨리려는 어둠의 세력이 있다는 뜻이기도 합니다. 창세기 3장을 보십시오. 아니나 다를까 에덴동산을 망가뜨리려는 원수가 등장합니다. 사람은 하나님이 주신 사명을 따라 에덴동산을 일구고 지키는 일에 헌신해야 했습니다.

좀 멀리 돌아온 느낌이지만, 핵심은 분명합니다. 일꾼 하나님께서 당신의 형상을 따라 사람을 일하는 존재로, 다시 말해 일꾼으로 지으셨다는 것입니다. 일꾼 하나님의 형상을 따라 일꾼으로 지음을 받은 사람은 일하는 것이 지극히 자연스럽습니다. 일꾼으로 지음을 받았기 때문에 일하지 않을 때 사람은 오히려 어색하고 어딘지 불편한 느낌을 받습니다. 무엇보다 사람이 일꾼으로 지음을 받았기에 일은 사람답게 살아가는 데도 중요한 의미가 있을 수밖에 없습니다. 이 사실을 긍정적인 언어로 바꾸어 본다면, 우리가 일꾼으로 지음을 받았기에 일을 통해 만족과 성취감을 누리며, 일을 통해 내가 누구인지 알아가고, 일을 통해 일꾼 하나님을 반영하는 존재라고 할 수 있습니다.

나의 에덴을 찾아서: 하나님이 나를 보낸 그 자리

일꾼 하나님께서 사람을 일꾼으로 지으시고 에덴동산에 두시며 일구고 지키게 하셨다는 사실은 우리가 일을 어떻게 생각해야 하는지, 일터를 어떻게 바라보아야 하는지, 어떤 가치와 태도로 일해야 하는지 알려줍니다. 지상낙원이라고 부를 수 있는 에덴동산은 놀고먹으면서 지내는 곳이 아닙니다. 할 수 있다면 적게 일하면서 돈은 많이 벌어야 한다는 가치가 통하는 곳도 아닙니다. 일찍 은퇴해서 한가롭게 노년을 즐기는 장소도 아닙니다. 오히려 정반대입니다. 첫 사람 아담은 낙원이라 불리는 에덴동산을 섬기고 돌보고 가꿀 뿐 아니라 악한 세력으로부터 지키도록 부름을 받았습니다. 아담은 일꾼으로 창조되었고, 일꾼으로 창조된 아담에게 에덴동산은 그야말로 아담을 위한 맞춤형 장소였습니다. 그는 그곳에서 성실하고 부지런하게, 창조력을 발휘하며 탁월하게 일했을 것입니다.

우리도 다르지 않습니다. 우리는 일꾼 하나님의 형상을 따라 지음을 받았습니다. 우리는 일꾼입니다. 우리가 일하는 곳이 에덴동산은 아니지만, 하나님께서 보내신 자리라는 데는 의심의 여지가 없습니다. 우리 각 사람은 자기 일로 하나님이 지으신 세상 한 모퉁이를 아름답게 바꾸고, 좋은 문화를 만들고, 살기 좋은 곳으로 만들어 가도록 부름 받은 하나님의 일꾼입니다. 무엇보다 일을 통해 일꾼 하나님을 반영하도록 부름 받은 일꾼이며,[1] 일을 통해 하나님과 이웃을 사랑하고 섬기도록 부름 받은 하나님의 자녀입니다. 에덴동산을 일구고 지켜서 더 살기 좋은 곳으로 바꾸어 가도록 부름 받은 아담처럼, 우리 역시 우리가 종사하는 일과 일터를 일구고 지켜서 더 살기 좋은 곳으로 바꾸어 가도록 부름 받은 하나님의 일꾼입니다.

일하는 그리스도인의 특권: 나의 일로 하나님을 보여주는 삶

하나님은 일꾼입니다. 하나님의 형상을 따라 지음을 받은 우리 역시 일꾼입니다. 우리는 일을 통해 하나님과 이웃을 사랑하고, 일을 통해 하나님이 지으신 세상을 더 살기 좋은 곳으로 바꾸어 가도록 부름을 받았습니다. 이 진리는 우리가 직업을 선택할 때 올바른 기준일 뿐 아니라 어떤 태도와 마음가짐으로 일해야 할지에 관한 정확한 기준과 가치를 제시합니다. 하나님 지으신 세상을 살기 좋은 곳으로 바꾸어 가는 일, 좋은 문화를 만드는 일이라면 무엇이나 하나님의 영광을 드러내는 일이며, 거룩한 일이 될 것입니다.

일꾼 하나님의 형상을 따라 일꾼 사람으로 지음을 받은 우리가 일을 통해 하나님을 반영한다는 진리를 붙잡을 때 우리는 일터에서 정직하고 성

---

1) 톰 넬슨, 주일 신앙이 평일로 이어질 때, 홍병룡 역(서울: 아바서원, 2015), 27.

실하게 일할 뿐 아니라 창의력을 발휘하며 탁월하고 성실하게 일하는 사람이 되려고 애쓸 것입니다. 일꾼 하나님의 형상을 닮아 하나님처럼 일하는 그리스도인이 많아질 때 우리 사는 세상이 얼마나 아름답게 변할지, 얼마나 넉넉하고 풍요로운 곳으로 바뀔지 상상하는 것만으로도 가슴이 벅차오릅니다. 일꾼 하나님을 닮은 일꾼 사람으로 날마다 더 성숙하고 성장하길 기대하면서 기도합시다. 일을 통해 하나님과 이웃을 사랑하고, 일을 통해 하나님의 뜻을 성취하며, 일을 통해 하나님이 어떤 분이신지 드러내고, 우리 사는 세상을 변화시키는 멋진 일꾼으로 살아갑시다.

더 깊은 묵상을 위한 나눔 질문

1. 당신에게 일은 돈을 벌기 위한 고통스러운 수단에 가깝습니까, 아니면 나의 존재 의미를 실현하는 창조적 활동에 가깝습니까? 만약 일터로 향하는 발걸음이 무겁다면, 그 무게의 가장 큰 이유는 무엇이며, 오늘 하루 그 무거운 마음을 덜기 위해 구체적으로 시도해 볼 수 있는 작은 변화는 무엇일까요?

2. 최근 당신이 한 일 중에서 '이건 정말 잘했다', '정말 보람 있다'라고 스스로 느꼈거나, 주변 사람에게 긍정적인 영향을 미쳤다고 생각하는 경험(작은 일이라도)을 나눠 봅시다. 그 순간을 다시 떠올려 보면서 나의 일에서 하나님의 형상(창의성, 탁월함)이 어떻게 드러났다고 생각하는지 이야기해 봅시다.

3. 지금 당신의 일터(직장, 가정, 학교 등)를 '나의 에덴'이라고 가정할 때, 당신이 '가꾸고 발전시켜야' 할 부분(업무 개선, 관계 회복 등)은 무엇이며, '지켜내야' 할 가치(정직, 공정, 사람과의 신뢰 등)는 무엇이라고 생각하십니까? 오늘 당장 그 '가꾸고 지키는 일'을 위해 어떤 구체적인 행동을 취할 수 있을까요?

4. 당신의 직업적 태도, 윤리, 성실함이 '예수를 믿지 않는 사람'들에게 하나님이 어떤 분인지를 보여주는 창문이 된다고 상상해 봅시다. 당신의 일하는 방식 중 '이것만큼은 하나님을 멋지게 보여주고 있다'라고 자신 있게 말할 수 있는 부분은 무엇입니까? 반대로 '이 부분은 예수를 잘 드러내지 못하는 것 같다'라고 생각하는 부분은 무엇인지 이야기해 봅시다.

2부

일상의 신학:
그리스도인, 일터에서
어떻게 살아야 하는가?

3장

이름을 짓는 사람들:
나의 일, 거룩한소명으로 피어나다

주 하나님이 들의 모든 짐승과 공중의 모든 새를 흙으로 빚어서 만드시고, 그 사람에게로 이끌고 오셔서, 그 사람이 그것들을 무엇이라고 하는지를 보셨다. 그 사람이 살아 있는 동물 하나하나를 이르는 것이 그대로 동물들의 이름이 되었다.

창세기 2:19, 새번역

꽃 - 김춘수

내가 그의 이름을 불러 주기 전에는
그는 다만
하나의 몸짓에 지나지 않았다.

내가 그의 이름을 불러주었을 때,
그는 나에게로 와서
꽃이 되었다.

내가 그의 이름을 불러준 것처럼
나의 이 빛깔과 향기에 알맞는
누가 나의 이름을 불러다오.
그에게로 가서 나도
그의 꽃이 되고 싶다.

우리들은 모두
무엇이 되고 싶다.
너는 나에게 나는 너에게
잊혀지지 않는 하나의 눈짓이 되고 싶다.

　　김춘수 시인의 '꽃'이라는 시입니다. 시인은 누군가의 이름을 불러주고, 누군가가 나의 이름을 불러줄 때 의미가 되고 꽃이 된다고 노래합니다. 여러 가지 의미가 있겠지만, 이 시에서 우리는 이름의 중요성을 발견할 수 있습니다. 그렇습니다. 이름은 중요합니다. 이름은 그 사람의 얼굴, 외모, 목소리, 습관, 이미지를 담아냅니다. 이것이 전부가 아닙니다. 이름은 좋은 추억 혹은 나쁜 기억까지 떠오르게 만듭니다. 어떤 이름은 특정 장소나 계절을 떠올리게도 합니다. 이름은 한 사람의 인격과 정체성, 그의 이야기와 삶 전부를 한꺼번에 담아냅니다. 이름은 우리가 생각하는 것보다 훨씬 더 중요합니다. 이름이 중요하기 때문에 이름을 짓는 일은 중요할 수밖에 없습니다.

　성경을 보면 이름과 관련한 말씀이 자주 나옵니다. 십계명에서는 하나님의 이름을 함부로 부르지 못한다고 명하셨습니다. 창세기에서는 이름을 지어주시는 하나님을 만날 수 있습니다. 하나님은 아브람과 사래의 이름을 아브라함과 사라로 바꾸어주셨고, 야곱의 이름을 이스라엘로 바꾸어 주셨습니다. 신약에서도 다르지 않습니다. 하나님께서는 세례 요한의 이름을 계시하셨고, 예수의 이름 역시 계시해 주셨습니다. 하나님의 아들 예수께서는 시몬의 이름을 베드로로 바꾸어주셨습니다. 사울은 자기 이름을 바울로 바꾸었지요. 이름이 그만큼 중요하다는 것을 알려주는 말씀과 사건입니다. 놀랍게도 창세기 2장을 보면 하나님께서 아담에게 이름 짓는 일을 위임하시는 장면이 나옵니다. 이 장면을 주목하면 우리 그리스도인이 일터에서 어떤 태도와 마음가짐으로 일해야 할지 선명하게 알 수 있습니다.

함께 일하고 싶다: 하나님이 아담에게 건넨 영광스러운 제안

　불후의 명곡이란 프로그램에서 김기태라는 가수가 임재범의 노래를 부르는 장면을 보았습니다. 평소 임재범을 좋아하고 존경했던 김기태는 자기가 우상처럼 여기는 임재범 앞에서 그의 노래를 부른다는 것 자체에

감격해서 말을 잇지 못했습니다. 이런 마음과 태도는 가수나 몇몇 사람의 전유물이 아닙니다. 우리는 저마다 존경하고 좋아하는 사람이 있습니다. 존경하는 분을 개인적으로 만난다면 누구라도 감격스럽고, 영광스러운 순간으로 기억할 것입니다. 사람에 따라 가문의 영광이라고 말하기도 할 것입니다.

조금 더 나가볼까요? 전혀 생각지도 못했는데 어느 날 임재범이 김기태를 찾아가서 함께 녹음하고 싶다고 요청했다면 어떨까요? 꿈인지 생신지 모를 일 아닐까요? 부담이 안 될 수는 없겠지만, 부담보다 기쁨과 영광스러움이 훨씬 크지 않을까요? 정말 온 힘을 다해 노래하지 않을까요? 하나님께서 아담에게 행하신 일이 바로 이와 같습니다. 하나님은 아담을 일꾼으로 창조하셨습니다. 아담을 지으신 후 하나님은 당신이 지으신 세상을 더욱 살기 좋은 곳으로 바꾸어 갈 것을 명하셨습니다. 하나님은 여기서 멈추지 않으셨습니다. 하나님께서 아담에게 동물의 이름을 지어주는 일을 위임하셨습니다.

이름 짓는 일과 관련해서 절대로 놓치지 말아야 할 사실이 무엇입니까? 이름을 짓고 붙여주는 일은 본래 하나님께 속한 일이었다는 사실입니다. 하나님은 빛을 낮이라 부르셨고, 어둠을 밤이라고 부르셨습니다. 궁창을 하늘이라 부르시고, 뭍을 땅이라 부르셨습니다. 사람을 지으신 후 그에게 아담이라는 이름을 지어주신 분도 하나님입니다. 창조하신 모든 것에 하나님께서 이름을 붙이셨습니다. 이름을 붙이셨다는 것은 알맞은 정체성을 부여하셨다는 의미를 포함합니다. 하나님은 이름을 지어주는 중요하고 복된 일을 아담에게 위임하셨습니다. 하나님께서 아담을 찾아가 함께 작업하자고 손을 내미신 것입니다.

이름 없는 존재에게 이름을 줄 때: 아담의 가슴이 벅차오른 이유

아담이 하나님의 일을 맡아서 하게 되었습니다. 바로 이 지점에서 우리는 질문해 보고 상상해 보아야 합니다. 아담의 마음이 어땠을까요? 왜 가만히 잘 있는 나를 찾아와서 안 해도 되는 일을 하라고 하시는가? 하나님은 도대체 왜 이렇게 사람에게 부담을 주시는가? 할 수만 있다면 일 안 하거나 적게 하면서 놀고먹고 싶은데 왜 하나님은 사람이 가만히 있는 꼴을 못 보시는가? 라고 생각했을까요? 아니면 달리 생각했을까요?

다시 가수 임재범과 김기태의 이야기를 생각해 보겠습니다. 평소 임재범을 존경하고 흠모하던 김기태에게 임재범이 같이 노래하자고 제안했다고 가정해 봅시다. 김기태는 임재범과 함께 노래를 부를 것입니다. 그 노래는 박제되듯 오래도록 남을 것입니다. 김기태가 어떤 마음과 태도로 노래를 준비할까요? 연습하고, 연습하고 또 연습하며, 노력하고, 노력하고 또 노력할 것이 분명합니다. 잠자는 시간을 쪼개서 연습하고, 어떻게 하면 더 잘 할 수 있을지 질문하고 생각할 것입니다. 노래 본연의 맛을 살리되 자기만의 개성도 놓치지 않으려고 애쓸 것입니다. 한마디로 탁월하게 해내려고 최선의 노력을 기울일 것입니다.

아담도 똑같은 마음이 아니었을까요? 성경을 보십시오. 하나님은 당신이 창조하신 각종 동물을 아담에게로 이끌어 오셨습니다. 아담이 어떻게 이름을 짓는지 보고 싶으셨기 때문입니다. 아담은 자신이 해야 할 일이 하나님의 일이라는 것을 알았습니다. 하나님이 자신과 함께 일하려 하신 다는 것도 알았습니다. 내가 하는 일을 통해 하나님을 섬길 수 있고 기쁘시게 할 수 있다는 사실 역시 알았을 겁니다. 아담은 이름을 짓는 일의 중요성도 알았고, 이름 짓는 일이 각 동물에게 고유한 정체성을 부여하는 일이라는 것도 알았습니다.

만약 그렇다면 아담이 대충 일할 수 있을까요? 타성에 젖은 채 아무런 열정 없이 동물에게 이름을 붙여주었을까요? 동물들을 일렬로 쭉 줄을 세워놓고 한번 쓱 훑어보고 난 후에 개, 돼지, 말, 소, 닭, 코끼리, 사자, 호랑이, 코뿔소…. 이런 식으로 아무렇게나 이름을 짓고 붙여주었을까요? 다시 그 동물을 보았을 때 자기가 붙여준 이름도 제대로 기억하지 못할 수준으로 일했을까요? 말도 안 됩니다. 그럴 수 없습니다. 아담이 어떻게 동물의 이름을 지어주었을지 우리는 얼마든지 상상할 수 있습니다. 아니 상상해야 합니다.

아마도 가장 먼저 아담은 각 동물을 주목했을 것입니다. 생긴 모양, 습성, 크기, 특징과 성질을 꼼꼼히 살펴보았을 것입니다. 하나님이 창조하신 동물 한 마리 한 마리에게 마음을 쏟고 시간을 쏟아 관찰하고 살핀 후에 비로소 가장 적합한 이름을 붙여주었을 것입니다. 하나님이 일하셨을 방식을 따라, 하나님을 대신해서 하나님이 지으신 동물에게 가장 어울리는 이름을 고르고 골라 지었을 것입니다. 이름을 지어주며 각 동물에게 고유한 정체성을 부여했을 것입니다. 하나님의 형상을 따라 지음을 받은 아담은 창의력을 발휘하면서 탁월하게 일했을 것이라고 얼마든지 짐작

                                        월요일의 예배자

할 수 있습니다.

더욱이 이때는 아담이 죄를 범하기 전이였습니다. 일한 대로 결과를 얻을 수 있었던 때였습니다. 하나님의 형상을 따라 지음을 받은 아담은 하나님께서 맡기신 일을 해낼 능력과 지혜도 있었습니다. 물론 하나님과 똑같은 능력과 힘과 지혜와 수준으로 일할 수는 없겠지만, 아담의 가슴은 뛰었을 것이며, 벅차올랐을 것이며, 기쁨과 감사, 감격으로 가득했을 것입니다. 아담은 하나님의 일을 맡아서 할 수 있다는 사실을 영광으로 여겼을 것이며, 창의력을 발휘하고, 열정을 쏟고, 탁월함을 추구했을 것입니다. 그럴 수밖에 없었을 것입니다.

이 일이 과연 하나님의 일일까?: 나를 짓누르는 현실의 질문들

그리스도인은 어떻게 일해야 할까? 라는 질문을 던졌고, 질문에 대한 대답을 아담에게서 찾아보았습니다. 지금 우리의 입장이라면 마냥 기쁘고 좋다고 말할 수는 없을지도 모릅니다. 내가 전설적인 건축가를 대신해서 건물을 지어야 한다면, 온 세상이 손에 꼽는 음향 전문가의 일을 대신해야 한다면, 내로라하는 피아니스트를 대신해서 연주해야 한다면, 세계 최고로 꼽히는 쉐프를 대신해서 요리해야 한다면, 누구라도 다 아는 최고의 선생님을 대신해서 가르쳐야 한다면, 탁월한 의사를 대신해서 집도해야 한다면, 손꼽히는 설교자의 뒤를 이어 강단을 지켜야 한다면, 세계 최고의 작가를 이어 글을 써야 한다면 틀림없이 몹시도 부담스러울 것입니다. 하물며 하나님의 일을 대신한다고 생각하면 일단 숨이 턱 막힐 것 같습니다.

게다가 지금 우리가 사는 세상은 아담이 살았던 세상과는 비교할 수 없을 정도로 복잡합니다. 일도 너무나 다양합니다. 내가 하는 일은 절대로 하나님의 일이 아닐 것이라는 생각, 아니 절대로 그럴 수 없다는 생각을 깔고 살아가는 사람이 적지 않을 것입니다. 이 바닥이 어떤 바닥인데, 어떤 일이 일어나는 곳인데, 어떤 사람이 있는 곳인데, 이런 일을 하나님의 일이라고 생각하는 것은 불경스럽고, 말도 안 된다고 생각할 수 있습니다. 만약 그렇게 생각한다면 내가 하는 일은 절대로 하나님께서 나에게 맡기신 일이 아니라고 생각할 테고, 나는 하나님의 일과는 별로 상관이 없는 일을 하고 있다고 생각할 것입니다. 당연히 일을 거추장스럽고 무거운 짐으로 여길 것입니다. 과연 그럴까요? 이 땅에서 살아가신 예수를 주목하면 이런 생각이 얼마나 어긋나고 잘못된 생각인지 단번에 알 수 있습니다.

목수 예수의 작업대: 가장 평범한 일터에서 발견한 하나님의 일

반복해서 말씀드리지만, 예수는 목수였고, 당시 목수는 존경받는 직업이 아니라 하찮은 직업, 낮고 천한 직업으로 여김을 받았습니다. 그렇다면 가난한 목수의 집안에서 태어나 목수라는 직업을 이어받은 것을 예수는 싫어하셨을까요? 많고 많은 집안 중에 하필 이런 집안에서 태어나게 하시고 이 따위 직업을 갖게 하셨냐고 불평하고 투덜거렸을까요? 이 일은 절대로 하나님이 맡기신 일일 수도 없고, 하나님의 일이 아니라고 생각하셨을까요?

그럴 리가 없습니다. 예수는 목수라는 직업을 하찮게 여겼다거나 부정적으로 여겼다는 근거나 암시는 성경 어디에서도 조금도 찾아볼 수 없습니다. 예수의 공생애 삶은 물론 목수로 살아온 삶도 하나님을 기쁘시게 하는 삶이었습니다. 골로새서 1:15 말씀에서 사도 바울은 예수가 하나님의 형상이라고 선언합니다. 둘째 아담이자 하나님의 형상이었던 예수가 어떻게 일했을까요? 하나님께서 일하신 것처럼 창의력을 발휘하고 열정을 쏟아붓고 탁월하게 일하셨을 것입니다. 예수는 그저 그런 평범한 목수가 아니라 창조적이며 열정적일 뿐 아니라 탁월한 목수였음이 틀림없습니다. 즐겁게 일하셨을 뿐 아니라 함께 일하는 사람에게도 영감을 주고 일하는 기쁨을 맛보게 하신 목수였을 것입니다. 목수라는 일을 하나님이 맡기신 일로 보았고, 그 일을 하나님의 일로 보셨을 것이 분명합니다.

당시 사회의 시선에서 목수의 일을 이해할 필요가 있습니다. 당시 목수는 하찮고 낮은 직업으로 여김을 받았습니다. 그 하찮고 낮은 일로 평가받았던 목수의 일을 기쁘게 받으신 하나님은 우리가 하는 평범한 일도 얼마든지 기쁘게 받으실 것입니다. 누군가를 먹이고 입히는 일, 다른 사람을 가르치고, 돌보고, 치료하는 일, 좋은 공간과 좋은 문화를 만드는 일, 안전을 도모하고, 깨끗한 환경을 만드는 일, 다른 사람의 편의를 돕고 필요를 채우는 모든 일, 다시 말해 우리가 하는 모든 일이 하나님이 맡기신 일이며, 하나님의 일이라는 뜻입니다. 기독교에서는 이것을 하나님의 부르심, 즉 소명이라고 말합니다. 하나님이 부르시고 보내셨기 때문에 우리가 종사하는 모든 일이 성직이 되는 법입니다.

코페르니쿠스적 혁명: 일터의 의미가 완전히 뒤바뀌는 순간

하나님은 우리를 부르셨고 지금 우리가 살아가는 자리로 보내셨습니다. 내가 하나님의 형상일 뿐 아니라 하나님께서 나를 이곳으로 보내셨고 나에게 이 일을 맡기셨다는 성경의 가르침을 붙들 때 우리에게는 완전히 새로운 세상이 열립니다. 가장 먼저 내가 누구인지 정확하게 이해할 것입니다. 분명한 자기 정체성과 자기 효능감을 갖게 될 것입니다. 내가 살아가는 곳을 바라보는 시선도 달라질 것입니다. 내가 사는 곳은 이리저리 굴러다니다가 우연히 있게 된 곳이 아니라 하나님께서 보내신 곳이라는 것을 깨달을 것입니다.

일과 관련해서는 그야말로 코페르니쿠스적 혁명이 일어날 것입니다. 어찌어찌하다 보니 여기까지 굴러와서 이런 일을 하고 있다는 생각은 우리 그리스도인에게는 발붙일 곳이 없습니다. 지금 내가 하는 일이 하나님의 일이라는 소명 의식과 사명의식은 더욱 선명해질 것입니다. 내가 하나님과 함께 일하는 사람이라는 가슴 벅찬 진리를 손에 쥘 것입니다. 내가 하는 일의 의미를 정확하게 알게 될 것입니다.

조금 더 구체적으로도 말할 수 있습니다. 내가 있는 곳이 하나님께서 보내신 곳이요, 내가 하는 일이 하나님의 일이라는 것을 깨닫는다면 우리는 월요병에 덜 시달릴 것입니다. 이를 악물고 마지못해 출근하는 날은 점점 줄어들 것이며, 일터를 향해 힘찬 발걸음을 내딛는 날이 많아질 것입니다. 일을 통해 하나님께 영광을 돌리고, 일을 통해 하나님과 이웃을 사랑하고 섬기며, 일을 통해 하나님을 닮아가는 사람으로 변할 것입니다.

　성경의 가치를 따라 일을 바라볼 때 우리는 직장에서 창의력을 발휘하고 열정을 쏟고, 탁월함을 추구하는 일꾼으로 변할 것입니다. 창의력을 발휘하고 열정적으로 일하며 탁월함을 추구하는 사람을 시기하고 질투하는 것이 아니라 그들에게서 하나님의 모습을 발견하는 안목을 갖게 될 것입니다. 예수 안에서 하나님의 형상을 회복하고, 일꾼 하나님처럼 일할 때 우리는 일터에서도 재미와 의미를 모두 발견하고 누릴 것입니다. 그리스도인 어떻게 일해야 할까? 라는 무겁고 중요한 질문에 대한 대답을 목수 예수에게서 찾았습니다. 하나님께서 보내신 일터에서 예수처럼 창의력을 발휘하고, 열정을 쏟으며, 탁월함을 추구하면서 일하는 신실한 하나님의 일꾼, 예수 닮은 일꾼이 됩시다.

1. 지금 당신이 하는 일(직업, 육아, 봉사, 학업 등)을 '하나님께서 나를 믿고 맡기신 중요한 일'이라고 생각할 때, 당신의 마음은 어떻게 달라질까요? 만약 이 일을 하나님과 함께하는 공동 작업이라고 느낀다면, 일할 때의 마음가짐이나 태도에서 어떤 부분이 가장 크게 변화할 것 같습니까? 생각해 보고 진솔하게 나누어 봅시다.

2. 당신의 일터에서 '대충'할 수 있지만, 일부러 '마음을 쏟아 정성껏' 처리하려고 애쓰는 부분은 무엇입니까? '이 일만큼은 내가 가장 탁월하게 해내고 싶다'라고 느끼는 영역이 있다면 무엇이며, 그 일에 창의적인 아이디어나 열정을 쏟아붓기 위해 오늘 당장 시도해 볼 수 있는 작은 행동은 무엇이 있을까요?

3. 당신이 하는 일(청소, 계산, 고객 응대, 서류 정리 등) 중에서 사람들이 쉽게 지나치거나 하찮게 볼 수 있지만, 사실은 세상에 꼭 필요하고 이웃을 섬기는 일이라고 생각하는 부분이 있습니까? 그 일을 하면서 '나는 지금 하나님과 이웃을 사랑하고 있다'라고 느꼈던 순간이나, 당신의 성실함을 통해 하나님이 드러났다고 느꼈던 경험을 나누어 봅시다.

4. 지금 당신의 일은 '재미'와 '의미' 중 어느 쪽에 더 기울어 있습니까?(예: 재미는 없지만, 의미는 있다 / 재미는 있지만, 의미는 부족하다). 두 가지를 모두 누리는 '예수 닮은 일꾼'이 되기 위해, 지금 내 일에 의미를 더하려면 어떤 마음가짐을, 재미를 더하려면 어떤 태도와 어떤 일을 시도해 볼 수 있을까요?

4장

선한 영향력: 일터 속 관계와 윤리

종으로 있는 이 여러분, 모든 일에 육신의 주인에게 복종하십시오. 사람을 기쁘게 하는 자들처럼 눈가림으로 하지 말고, 주님을 두려워하면서, 성실한 마음으로 하십시오.

무슨 일을 하든지 사람에게 하듯이 하지 말고, 주님께 하듯이 진심으로 하십시오.

여러분은 주님께 유산을 상으로 받는다는 사실을 기억하십시오. 여러분이 섬기는 분은 주 그리스도이십니다.

불의를 행하는 사람은, 자기가 행한 불의의 대가를 받을 것입니다. 거기에는 사람을 보고 차별을 하는 일이 없습니다.

주인 된 이 여러분, 정당하고 공정하게 종들을 대우하십시오. 여러분도 하늘에 주인을 모시고 있다는 사실을 아시기 바랍니다.

골로새서 3:22-4:1, 새번역

　직장에 대한 우리의 개념과 생각이 많이 변했습니다. 예전엔 평생직장이란 개념이 있었습니다. 평생직장이라는 개념은 일하는 사람의 태도와 마음가짐은 물론 다른 사람을 향한 자세에도 큰 영향을 끼쳤습니다. 평생 그곳에서 그 일을 한다고 생각하면 마음과 태도에 변화는 불가피합니다. 지금은 평생직장이란 개념이 많이도 희미해졌습니다. 얼마든지 언제든지 이직할 수 있습니다. 이직은 말할 것도 없고, 할 수만 있다면 일찍 은퇴하려는 마음을 가진 사람이 많은 세상입니다. 일하기 싫다는 생각과 마음이 넓고 깊게 퍼진 이 시대의 모습이 아닐까 짐작합니다.

　이런 시대 속에서 어떤 태도로 일할 것인지 질문하고 대답을 찾는 일은 어리석고 불필요해 보일 수도 있습니다. 정반대로도 해석하고 생각할 수 있습니다. 일에 관한 생각과 일의 가치가 바닥을 치는 세상이다 보니 어떻게 일할 것인지 질문하고 대답하는 일은 어느 때보다 시급하고 중요한 문제라고 말할 수 있습니다. 이번 장에서는 공동체성에 비추어 우리 그리스도인이 어떤 생각과 마음가짐으로 일해야 할지, 일터에서 어떤 태도를 길러가야 할지 함께 살펴보겠습니다.

주인과 종이 함께하는 공동체와 일

　고대 로마는 노예들이 지탱한 나라라고 말해도 지나치지 않습니다. 강력한 국가였던 로마는 전쟁 포로를 노예로 삼았습니다. 로마인들은 수많은 노예를 부리며 사회를 유지했습니다. 노예제도가 당연했던 시대였기 때문이겠지요. 골로새 교회뿐 아니라 당시 대부분 교회는 같은 교회 안에 주인과 노예가 함께 있었습니다. 그 시대 문화를 생각하면 자연스럽고 당연한 일이라고도 말할 수 있지만, 교회 생활 측면에서 본다면 몹시 불편하고 낯선 풍경이라고 해야 할 것입니다. 신약 시대 탄생한 교회는 이방인과 유대인, 주인과 종이 뒤섞여 있는 세상 어디에서도 찾아볼 수 없는 독특한 공동체였습니다. 건강한 공동체를 세워가는 일 역시 쉽지 않았을 것으로 충분히 짐작할 수 있는 배경입니다.

흥미롭다고 할까요? 초기 우리나라 기독 역사에서도 이와 유사한 장면이 있습니다. 김제 금산교회의 조덕삼과 이자익의 이야기입니다. 이자익은 조덕삼의 마부였습니다. 주인 조덕삼과 종 이자익이 함께 신앙생활을 했고, 그들이 함께 금산교회에 성도로 지냈습니다. 주인과 종이 함께 신앙생활을 한 것입니다. 잘 아는 것처럼 장로를 선출했는데, 마치 연출한 것처럼 조덕삼이 아니라 이자익이 선출되는 진풍경이 펼쳐졌습니다. 얼마든지 긴장할 수밖에 없는 상황이었지만, 아름답게 마무리 되었습니다. 나중 이자익은 목회자가 되었는데 이 일을 적극 지원한 사람이 바로 조덕삼이었습니다. 게다가 장로였던 조덕삼이 자기 종이었던 이자익을 금산교회 담임 목사로 초빙하여 잘 섬겼습니다. 이 아름다운 이야기가 우리 그리스도인의 유산으로 남아 있습니다. 감동적이고 아름다우며 교회다움이 무엇인지 잘 보여주는 사건이지만, 당시 그들을 지켜보는 사람들에겐 낯설고 긴장되는 풍경이었을 것입니다.

사도 바울은 골로새 교회의 독특한 풍경 속에서 일이라는 어려운 주제를 다룹니다. 사도 바울은 상전을 모시고 있는 종들에게 어떻게 일해야 할지 가르칩니다. 그 가르침이 충격적이지만, 거기서 끝난다면 어느 정도는 수긍할 수 있을 것입니다. 당연하다고 할까요. 바울은 거기서 멈추지 않습니다. 바울은 주인들에게 자신이 부리는 종을 어떻게 대해야 할 것인지에 관해서도 가르쳤습니다. 주인과 종, 종과 주인 모두에게 일과 관련한 말씀을 가르쳤다는 사실 자체가 경악할 정도로 충격적인 일이라는 것을 기억해야 합니다. 이 가르침은 이 시대를 살아가는 우리에게도 일에 관해 어떤 마음과 태도를 지켜가야 할지 명확한 교훈을 줍니다. 말씀을 통해 이 시대를 살아가는 우리 그리스도인이 어떻게 일해야 할지 살펴보겠습니다.

종들을 향한 가르침

먼저 종들을 향한 가르침에 주목하겠습니다. 어쩔 수 없다고 해야 할까요? 아니면 당연하다고 해야 할까요? 동서고금을 막론하고 대부분 사람은 일하는 태도에 비슷한 문제가 있습니다. 특히 25절은 종들이 주인을 섬길 때 쉽게 일어나는 부정적인 문제를 보여줍니다. 말씀드린 것처럼 로마 사회는 철저한 신분 제도로 유지되는 사회였습니다. 종들은 주인의 소유물이었습니다. 사람이 아니라 소유로 생각한다면 종이나 노예를 인격적으로 대하거나 사람답게 살아가게 하는 일은 찾아보기 어려울 것입니다.

종이나 노예의 처지에서 생각해 보십시오. 그들이 사는 세상의 세계관이 그랬으니 어쩌면 당연한 일로 받아들이지 않았을까 싶습니다. 그렇다고 해서 억울한 마음과 분노가 전혀 혹은 조금도 없었다고 쉽게 단정 지을 수는 없습니다. 일과 관련해서 상상해 봅시다. 주인이 옆에서 지켜볼 때 종들은 최선을 다했을 것입니다. 자칫 잘못하면 모진 매질이 돌아올 수도 있었을 테니까요. 주인이 없을 때, 보는 사람이 없을 때는 어땠을까요? 주인이 보지 않는 곳에서 종들이 어떤 마음과 태도로 일했을지 추측하는 것은 어려운 일이 아닙니다. 적당히, 대충, 하는 둥 마는 둥 일하는 종들이 적지 않았을 것입니다.

지금도 우리는 직장에서 이런 태도를 쉽게 찾아볼 수 있습니다. 사장이나 상급자가 같이 있을 때와 아무도 없을 때 다른 태도로 일하고 싶은 유혹은 강렬합니다. 이 지점에서 우리 신앙이 얼마나 크게 작용하는지, 어떻게 작용하는지 질문해 보고 싶습니다. 정확한 통계를 찾아볼 수 없었지만, 그리스도인과 미(未)그리스도인 사이에 얼마나 차이가 있을지 궁금합니다. 부정적으로 본다면 과연 차이가 있을지, 어쩌면 더 나쁜 것은 아닐지 모를 일입니다. 직장에 출근해서 근무 시간에 성경 읽고, 큐티하는 그리스도인이 있다는 말을 여러 번 들었습니다. 제가 들은 몇몇 이야기로 성급하게 일반화할 수는 없겠지만, 이 사실은 우리 그리스도인의 근무태도에 관해서 생각해 보고 점검할 필요가 있다는 것을 알려줍니다.

시대 문화를 너무나 잘 알고 있었던 사도 바울은 정확하게 이 지점을 지적했습니다. 단지 지적하는 데서 그치지 않고 바울은 골로새 교회의 그리스도인 종들에게 어떤 태도로 일해야 하는지 가르쳤습니다. 이 말씀은 이 시대를 살아가는 직장인 그리스도인들이라면 반드시 주목해야 할 삶의 원리이자 직업윤리를 가르쳐줍니다. 말씀 속에 담겨 있는 중요한 원리를 하나씩 살펴보겠습니다.

먼저 22절 말씀을 읽어보겠습니다.

종들아, 모든 일에 육신의 주인에게 순종하되

(골로새서 3:22, 바른 성경)

사도 바울은 종들을 향해 주인에게 '순종'하라고 말씀합니다. '순종'이란 단어는 이 시대를 살아가는 우리가 좋아하거나, 선호하는 단어가 아닙니다. 솔직하게 말하자면 순종은 체질에 잘 맞지 않습니다. 심지어 성경에서 "아내들아 남편에게 순종하라(혹은 복종하라)"라는 말씀을 읽고 듣는 것만으로도 거부반응이 생기는 분들이 있습니다. 주인 혹은 직장 상사에게 순종하라는 말을 들으면 왠지 비굴한 느낌마저 들기도 합니다. 아부 떨어야 한다는 말로 쉽게 오해하기도 합니다. 21세기 대한민국에서 직장인에게 상관에게 순종하라고 말한다면 발끈할 사람이 적지 않을 것입니다. 순종이 그만큼 불편하고 어렵다는 뜻입니다.

성서 시대라고 해서 다를 것으로 생각할 필요는 없습니다. 사도 바울이 이 사실을 몰랐을 것으로 생각하는 것은 너무 순진합니다. 그 모든 상황을 알았던 사도 바울은 단호하게 상관에게 순종해야 한다고 가르쳤습니다. 사도 바울이 말한 순종은 가장 먼저 권위에 대한 순종입니다. 이 단어는 자녀가 부모에게 순종하라고 말할 때 사용한 단어와 똑같은 단어입니다. 즉 바울은 자녀가 부모에게 순종하듯 종들도 자신을 고용한 육신의 상전에게 순종하라고 가르쳤습니다.

말씀을 주목해야 합니다. 사도 바울은 육신의 상전들이란 말을 사용했습니다. 육신의 상전이란 말은 그 자체로 궁극적인 상전, 다시 말해 진정한 주인이신 하늘의 상전 하나님이 계시다는 것을 떠올리게 합니다. 무슨 말입니까? 눈으로 보기에는 육신의 상전들 아래에서 그들을 섬기는 것처럼 보이지만, 궁극적으로는 진정한 보스이자 주인이신 그리스도를 섬기고 있다는 사실을 기억하라는 말씀입니다. 우리를 일터로 부르시고 그곳에 있게 하신 분이 하나님이라는 진리를 다시금 가르쳐 주는 말씀입니다. 비록 종이라고 해서 그 자리가 하나님께서 실수로 가져다 놓은 자리가 아니라는 뜻도 담고 있습니다. 여러 가지 질문이 생길 수밖에 없지만, 여전히 하나님이 나와 함께 계시며, 나를 이곳으로 보내셨으며, 그곳에서 하나님을 섬기듯 일하길 원하고 바라신다는 것을 신뢰하라는 가르침입니다.

이런 시각에서 보면 우리가 종사하는 모든 직업은 하나님의 부르심, 즉 직업 소명이라는 진리를 손에 쥘 수 있습니다. 하나님은 우리 각 사람을 부르셨을 뿐 아니라 보내서서 사회와 국가와 이웃과 하나님 나라를 위해 구체적인 일을 하게 하셨습니다. 일터에서 상관, 상사, 고용주, 혹은 정부와 국가에 순종하는 태도는 우리가 그리스도께 헌신하고 있다는 것을 보여주는 강력한 증거입니다.

2) 정직

사도 바울이 가르친 그리스도인의 직업관, 직업윤리는 예수 그리스도에게 뿌리내리고 있습니다. 일을 예수 그리스도에게 연결할 때 일터에 임하는 우리의 태도와 자세는 달라질 수밖에 없다는 뜻입니다. 이 진리는 두 번째 원리로 우리를 이끌어 갑니다. 바로 정직입니다. 22절 말씀에서 사도 바울은 이렇게 말씀합니다.

말씀드린 것처럼 고대사회나 지금이나 '정직'은 고귀한 덕목입니다. 특히 일터에서 정직한 태도는 그리스도인이 반드시 갖추어야 할 태도이자 직업윤리입니다. 아무도 보지 않을 때 나는 어떤 사람인가? 라는 말이 있습니다. 이 질문을 일과 관련한 질문으로 바꿀 수 있습니다. 상관이 없을 때, 직장 동료가 없을 때, 아무도 보는 사람이 없을 때 나는 어떤 일꾼인가? 보는 사람이 아무도 없을 때 우리는 유혹받기 쉽습니다. '보는 사람도 없는데 뭐 어때?' 라는 생각이 절로 들기도 합니다. 보는 사람이 없을 때 적당한 거짓이나 적당한 태도가 슬그머니 고개를 쳐들기도 합니다. 나사가 반쯤 풀리는 겁니다.

'그리스도인에게 정직은 최선의 정책이 아니라 유일한 정책'이라는 말이 있습니다. 그리스도인이 일터에서 정직하게 일해야 할 이유는 분명합니다. 하나님께서 나를 그곳으로 보내셨으며, 내가 하는 일이 하나님께서 나에게 맡기신 일이기 때문입니다. 내가 하는 그 일이 곧 하나님의 일이기 때문입니다. 무엇보다 보는 사람은 없어도 하나님이 보고 계시며, 우리를 파송하신 하나님께서 우리와 함께 계시기 때문입니다. 하나님께서 나를 부르셨고 보내셨다는 소명 의식과 성령께서 나와 항상 함께하신다는 진리를 기억한다면 우리는 정직을 선택할 수밖에 없습니다. 하나님과 함께 살아가는 우리 그리스도인이 갖추어야 할 올바른 근무태도는 정직이라는 사실을 기억합시다.

3) 성실

하나님을 두려워하는 그리스도인, 소명 의식을 붙들고 사는 그리스도인이 일터에서 갖추어야 할 올바른 태도는 성실입니다. 22절 말씀을 다른 버전으로 읽어보겠습니다.

> 종으로 있는 이 여러분, 모든 일에 육신의 주인에게 복종하십시오.
> 사람을 기쁘게 하는 자들처럼 눈가림으로 하지 말고,
> **주님을 두려워하면서, 성실한 마음으로 하십시오.**
>
> *(골 3:22, 새번역)*

우리가 일꾼 하나님의 형상을 따라 지음을 받았다는 것과 하나님께서 나를 지금 내가 일하는 곳으로 보내셨다는 소명 의식과 우리가 궁극적으로 섬기는 분이 하나님이라는 진리를 붙잡는다면 직장에서 대충 일할 수 있을까요? 적당한 선에서 그칠 수 있을까요? 그럴 수 없습니다. 우리는 최선을 다할 뿐 아니라 탁월함을 추구할 것입니다. 탁월한 일꾼은 하루 아침에 만들어지지 않습니다. 오랜 시간 꾸준하고 성실하고 충성스럽게 일하면서 탁월한 일꾼으로 다듬어지는 법입니다. 탁월한 일꾼이 되는 가장 빠른 길, 바른길이 바로 '성실'입니다. 사도 바울은 종들에게, 일꾼들에게 '성실'을 요구합니다. 그리스도인은 성실한 일꾼이 되어야 합니다. 우리 그리스도인이 갖추어야 할 성실한 태도가 무엇인지 잘 보여주는 이야기가 있습니다.

　뉴욕에는 프랑스가 미국의 독립 백 주년을 축하하면서 선물로 보낸 자유의 여신상이 있습니다. 자유의 여신상은 높이 93.5m, 엄지손가락 길이만도 2.4m, 무게 204t이나 되는 엄청난 크기입니다. 자유의 여신상을 제대로 관람하려면 자유의 여신상을 밖에서도 보고 안에 들어가서도 보아야 합니다. 다른 한 가지는 헬리콥터를 타고 조각상 전체를 관람하는 것입니다. 헬리콥터를 타고 자유의 여신상을 관람할 때만 볼 수 있는 장면이 있다고 합니다. 다른 방식으로는 볼 수 없는 자유의 여신상 머리 부분을 보는 것입니다. 가볍게 보고 지나가면 놓치기 쉽지만, 성실이라는 덕목에 비추어 보면 절대로 간과할 수 없는 장면을 발견할 수 있습니다. 자유의 여신상 머리 부분이 아주 정교하게 조각되어 있다는 점입니다.

　프랑스가 미국에 자유의 여신상을 선물한 해는 1987년입니다. 거대한 여신상을 세워두면 머리 부분은 아무도 볼 수 없었습니다. 게다가 그때는 헬리콥터를 동원해서 조각상의 머리 부분까지 볼 것이라고는 누구도 상상하지 않았을 것입니다. 조각가는 다른 사람에게 보이지 않는 부분, 앞으로도 다른 사람이 보지 않으리라고 생각했던 부분까지 아주 정교하게 조각했습니다. 그가 얼마나 정직하고 성실하게 일했는지 보여주는 사실입니다. 이것이 우리 그리스도인이 일에 관해 가져야 할 올바른 태도가 아닐까요? 그리스도인은 하나님이 보고 계시기 때문에 사람들이 보지 않는 곳에서도 성실하게 일하는 태도를 갖추어야 합니다. 성실은 그리스도인 일꾼이 갖추어야 할 멋진 덕목입니다.

주인을 향한 가르침

사도 바울은 종들에게만 올바른 태도를 가르친 것이 아닙니다. 종을 소유한 주인에게도 올바른 직업윤리와 그리스도인이 가져야 할 올바른 태도가 무엇인지 가르쳤습니다. 이 가르침을 들었던 그 시대 사람들은 아마도 입을 다물지 못했을 것입니다. 그만큼 충격적이라고 할 수 있습니다. 말씀드린 것처럼 그때는 로마 시대였습니다. 철저한 신분 제도로 유지되던 시대였습니다. 주인이 노예를 소유하는 것이 당연한 일이었고, 종들은 인격이나 생명이 아니라 물건 혹은 소유로 여김을 받았던 시대였습니다.

이런 시대 속에서 주인들에게 종들을 향해 가져야 할 올바른 태도가 있다고 가르치는 것은 그야말로 급진적입니다. 오늘 우리가 살아가는 이 시대로 치환한다면 고용주, 사장, 기업을 운영하는 CEO나 고위 관리에게 주는 말씀이라고 하겠습니다. 일터에서 주인이 갖추어야 할 올바른 태도가 무엇인지 살펴보겠습니다.

1) 의

먼저 골로새서 4:1절 말씀을 함께 읽어보겠습니다.

> *주인 된 이 여러분, **정당하고 공정하게** 종들을 대우하십시오.*
> *여러분도 하늘에 주인을 모시고 있다는 사실을 아시기 바랍니다.*
>
> *(골로새서 4:1, 새번역)*

사도 바울은 주인들을 향해 종들에게 의를 베풀어야 한다고 명령했습니다. 여기서 말씀하는 '의'의 의미를 바르게 이해할 필요가 있습니다. 성경이 말하는 의는 관계성 속에서 생각해야 합니다. 하나님과 인간 사이의 관계는 서로에게 책임과 의무를 요구합니다. 즉 관계를 맺은 두 대상이 관계가 요구하는 책임과 의무를 성실하게 수행하는 것이 성경이 가르치는 '의'입니다. 로마서에서는 사람이 하나님 앞에 받아들여질 만한 모습이나 조건이 '의'라고 말합니다(롬 3:10, 5:19).

상전 혹은 주인은 종과 관계가 있으며, 이 관계가 요구하는 책임과 의무는 종에게 합당한 대우를 베푸는 것입니다. 하나님께서 사람에게 먹을 것과 입을 것을 공급하시고, 은혜를 베푸시며, 길을 인도하듯이 상전은 종들에게 먹고 입을 것을 공급하며, 알맞은 은혜를 베풀어야 합니다. 험한 인생길을 걸어갈 때면 바르게 걸어갈 수 있도록 최선으로 도와야 합니다. 말씀드린 것처럼 종을 물건이나 소유로 여겼던 시대였다는 점을 생각하면, 사도 바울의 이 가르침은 경악할만한 수준을 요구한 것입니다. 단지 소유라고 생각했던 종을 소유가 아니라 형제요 지체로 볼 때 비로소 가능한 가르침을 베푼 것입니다. 이것이 상전, 주인, 기업가, 사장, CEO에게 성경이 가르치고 요구하는 수준의 '정의와 공의'입니다.

그리스도인 기업가, 사장, 고위직에 종사하는 사람은 이 말씀을 마음과 뼈에 새겨야 할 것입니다. 직장 부하, 혹은 직원, 아랫사람과 어떤 관계를 맺고 있는지 진지하게 질문하고 대답해 보아야 합니다. 그들을 일하는 기계나 돈벌이 수단으로 보고 있는 것은 아닌지, 얼마든지 갈아치울 수 있는 부품으로 여기는 것은 아닌지 자세하게 점검해 보아야 합니다. 그들도 인격자이며 사랑받는 사람이라는 사실을 기억해야 합니다. 그들이 어려움을 당할 때 모르는 체해서는 안 될 것입니다. 하나님께서 말씀하시기 때문에 상전의 책임과 의무를 다하는 태도를 길러가야 합니다. 쉽다는 뜻이 아닙니다. 이는 원대한 도전이자 하나님이 원하시는 높고 거룩한 길을 걷는 삶으로 우리를 인도할 것입니다.

2) 공평(공정)

사도 바울이 주인(상관)에게 요구하는 두 번째 태도는 '공정' 혹은 '공평'입니다. 성경에서 의나 공정(공평)은 원래 하나님의 속성을 드러내는 전문 용어입니다. 시 89:14에서 시인은 '정의와 공정'이 주의 보좌를 받들고 있다고 노래합니다. 시편 97:2 말씀을 보면 '의와 공평'이 하나님 보좌의 기초라고 노래합니다. 시인은 온 세상의 주인이신 하나님은 언제나 의와 공평으로 세상을 다스리시는 분이라는 진리를 간파했을 뿐만 아니라, 목소리 높여 그 진리를 선포하고 노래했습니다. 예수께서는 하나님을 공평하신 분으로 소개하면서 이렇게 말씀하셨습니다.

예수께서는 하나님이 얼마나 공정하고 공평하신 분인지 가르쳐주시면서 하나님의 자녀가 된 우리도 하나님을 닮아가야 한다고 말씀하셨습니다. 사도 바울은 하나님께서 세상을 의롭고 공평하고 공정하게 다스리시는 것처럼 상전들도 의와 공평과 공정으로 종들을 대하고 다스려야 한다고 가르쳤습니다. 주인들에게 종들의 권리를 보장해 주어야 하고, 그들이 사람답게 살아갈 수 있도록 대하라고 말씀합니다. 자기 수하에서 일하는 직원의 복지에 신경을 써야 하고, 그들이 적절한 급여를 받아 생활할 수 있도록 해야 한다는 의미입니다. 의와 공평(공정)을 베풀라는 말씀을 우리 피부에 와닿게 바꾼다면 급여와 복지에 인색하게 굴지 말라는 뜻으로 바꿀 수 있을 것입니다. 회사에서 나의 직급이 관리직이라면, 직장 동료들의 복지와 급여와 근무조건 등에 관여하는 사람이라면 이 말씀을 주목해야 합니다.

우리나라뿐 아니라 세상을 보십시오. 양극화 현상이 갈수록 심각합니다. 양극화 현상을 간단하게 설명하자면, 부자는 갈수록 더 부자가 되고, 가난한 사람은 갈수록 더 가난해지는 현상입니다. 몇 해 전 조사에 따르면 대기업의 CEO와 직원의 연봉 격차는 200배가 훨씬 넘습니다. 갈수록 격차는 더 벌어지고 있습니다. 더 큰 책임을 지고 있다는 점에서 CEO나 사장, 고위급 간부가 더 많은 수입을 얻는 것은 당연합니다. 그렇다고 해서 직원의 수백 배에 해당하는 급여체계가 정당하다거나 정의롭다고 말할 수는 없습니다. 급여 인상률에서도 수십 배 차이가 난다면 그것은 심각하고 진지하게 생각해 보아야 할 문제입니다.

하나님은 우리를 공정하고 공평하게 대하십니다. 사도 바울은 주인과 상관을 향해 하나님이 우리를 대하시듯 종들을 대하라고 가르칩니다. 자기만 폭리를 취하고 종들은 빈궁하게 살아가게 해서는 안 된다는 말입니다. 그리스도인은 이 말씀을 진지하고 무겁게 받아들여야 합니다. 더 큰 책임과 업무를 맡은 사람이 더 높은 연봉과 급여를 받는 것은 인정하고 존중해야 하지만, 도를 넘어서는 차이마저 당연하게 여겨서는 안 될 것입니

   월요일의 예배자

다. 그리스도인은 직원을 공정하게 대해야 합니다. 올바른 기준을 세우고
사내에 공정과 공평의 문화를 만들어 가는 것이 그리스도인 기업가, CEO
가 갖추어야 할 직업윤리이자 태도라고 성경은 가르칩니다.

진정한 보스를 기억하라

사도 바울은 종들을 향해 순종과 정직, 성실한 태도로 일해야 한다고 말
씀하셨습니다. 그리스도인은 일터에서 순종과 정직, 성실한 태도로 일하
도록 부름을 받은 사람입니다. 어느 것 하나 쉬운 것이 없지만 하나님의
말씀을 무겁게 여길 뿐 아니라 말씀에 이끌리는 삶을 살아가야 할 우리 그
리스도인들은 순종과 정직, 성실한 태도로 일하는 사람이 되어야 합니다.
사도 바울은 주인(상관)을 향해서는 의와 공평, 공정한 태도로 아랫사람을
대하라고 가르쳤습니다. 하나님께서 우리를 대하시는 것처럼 주인(상관)
은 종들과 바른 관계를 맺고, 그들의 삶에 적극적으로 개입하며, 직원의
근무 복지와 급여에 마음을 써야 합니다. 공정과 상식, 공평한 태도로 직
원을 대해야 할 것입니다. 일터의 생리를 아는 사람이라면 이 말이 얼마
나 어려운지 단번에 이해할 것입니다.

우리 사는 세상을 보십시오. 직원들은 일할 맛이 안 난다고, 아등바등
일해도 돌아오는 것이 거의 없다고 말합니다. 중소기업이나 작은 회사 사
장들도 볼멘소리가 터져 나옵니다. 최저 시급이 많이 올라서 사장 못 해
먹겠다, 차라리 직원으로 사는 게 낫겠다는 말도 합니다. 어느 쪽 하나 틀
린 말은 아닐 것입니다. 이런 시대를 생각한다면 직장에서 순종, 정직, 성

실하게 일하는 것이나, 직원을 의롭고 공정하게 대하는 일은 모두 어렵다는 것을 발견할 수 있습니다. 기억합시다. 우리 그리스도인은 좁은 문으로 들어가고 험한 길을 걸으라고 부름 받은 사람입니다. 이 원리를 일과 일터에도 적용해야 할 것은 의심할 필요가 없습니다.

이런 어렵고 힘든 삶을 살아가야 할 이유가 있을까요? 사도 바울은 이런 삶을 살아가야 할 분명한 이유를 보여줍니다. 3:23 말씀과 4:1 말씀을 차례로 함께 읽어보겠습니다.

무슨 일이나 사람을 섬긴다는 생각으로 하지 말고
주님을 섬기듯이 정성껏 하십시오. (골로새서 3:23, 공동 번역)

주인 된 이 여러분, 정당하고 공정하게 종들을 대우하십시오.
여러분도 하늘에 주인을 모시고 있다는 사실을 아시기 바랍니다.
(골로새서 4:1, 새번역)

일꾼은 내가 하는 일이 하나님의 일이라는 사실과 그 일로 주 예수를 섬긴다는 사실을 반드시 기억해야 합니다. 직장 상사가 아니라 진정한 보스이신 예수를 섬긴다는 진리를 붙들 때 우리는 무슨 일을 하든지 순종과 정직, 성실한 태도를 놓치지 않을 것입니다. 주인, CEO, 사장, 고위급 간부들도 다르지 않습니다. 그들 역시 하나님께서 나를 부르시고 내가 일하는 곳으로 보내셨다는 소명 의식을 붙들어야 합니다.

무엇보다 일터에서 자신이 가장 높은 자리에 있다고 해도 자신도 진정한 보스이신 예수 그리스도를 모시고 있다는 사실을 반드시 기억해야 합니다. 그때 하나님께서 의와 공평, 공정으로 우리를 다스리시듯이 의와 공평, 공정한 태도로 부하 직원을 대하고 기업을 세워가고 회사 문화를 만들어 가는 하나님 닮은 상관이 될 것입니다. 종의 자리에 있거나 주인의 위치에 있거나 상관없이, 무슨 일을 하든지 그리스도인다운 태도로 일하는 하나님의 일꾼이 되어야 하겠습니다. 이것이 이 시대를 살아가는 우리 그리스도인에게 주어진 시대적 사명이며, 우리가 걸어야 할 높고 거룩하고 아름다운 길입니다.

1. 아무도 나를 지켜보지 않을 때, 내가 하는 일에서 '정직'과 '성실'을 지키기 가장 어려운 부분은 무엇입니까?(예: 인터넷 사용, 근무 시간 활용, 일의 품질 등) 그 순간 '진정한 보스이신 예수님'이 나를 보고 계신다는 사실을 어떻게 실제적인 힘으로 바꿀 수 있을까요?

2. 지금 당신의 일터에서 '순종'이 가장 어렵게 느껴지는 상황(상사의 부당한 지시, 불합리한 조직 문화 등)은 무엇입니까? 그럴 때 내가 궁극적으로 순종하는 대상은 하나님이라는 사실이, 당장의 갈등이나 불편함 속에서 어떤 '긍정적인 행동'이나 '마음가짐'으로 나타날 수 있을까요?

3. 내가 가진 작은 권한(팀장, 선배, 부모, 영향력 있는 위치 등)을 사용하여 '공정함'이나 '옳음'을 실천했던 가장 최근의 경험을 나눠주세요(예: 공정한 평가, 아랫사람의 권리 옹호, 공평한 기회 제공 등). 그때 어떤 어려움이 있었지만, 왜 그것이 '하나님을 닮은 행동'이라고 느꼈는지 이야기해 봅시다.

4. 지금 일하는 곳을 떠날 때, 동료나 후배들이 당신을 '어떤 사람'으로 기억해 주었으면 좋겠습니까? 그들이 당신을 보며 '저 사람은 정직/성실/공정했어'라고 말할 수 있도록, 앞으로 남은 시간 동안 가장 집중하고 싶은 태도 한 가지는 무엇이며, 어떻게 그것을 실천할 계획입니까?

3부

거룩한 예배, 거룩한 일

5장

월요일 아침, 예배자로 서다:
일상을 거룩한 예배로

너희는 엿새 동안 일을 하고, 이렛날에는 쉬어야 한다. 밭갈이 하는 철이나 거두어들이는 철에도 쉬어야 한다.

출애굽기 34:21, 새번역

“예수님을 위해 소젖을 짭니다.”

종교개혁자 마르틴 루터가 종종 했던 말이라고 합니다. 루터가 이 말을 자주 사용했던 데는 이유가 있습니다. 그가 사역하던 교회의 교인 중의 상당수가 농장 일꾼이었고, 그들은 거의 매일 소젖을 짰습니다. 루터는 자신이 목회하는 교회의 삶에 말씀을 구체적으로 적용하려고 종종 “하나님은 당신을 통해 소젖까지 짜십니다.”라고 말한 것입니다. 문득 루터의 이 말을 들을 때 그와 함께 교회로 지어져 가던 성도들이 무슨 생각을 했을지 궁금합니다.

솔직하게 말해 소젖 짜는 일은 평범할뿐더러 별다른 의미가 없어 보입니다. 과연 소젖 짜는 일을 하나님의 일로 여기거나, 거룩하다고 생각했던 사람이 몇이나 있었을까요? 아마 한 명도 없었을 것 같습니다. 루터가 저 말을 자주 했던 이유는 일상적이며 평범할 뿐만 아니라 심지어 하찮아 보이는 소젖 짜는 일마저도 거룩한 의미가 있다고 가르치기 위함이 아니었을까 싶습니다. 교회가 이 진리를 깨닫고 자기 삶과 일로 하나님을 섬기길 바라는 마음에서 예수님을 위해 소젖을 짠다는 말을 자주자주 반복했을 것입니다.

질문이 생깁니다. 허드렛일처럼 보이는 소젖 짜는 일이 하나님께서 받으실만한 예배가 될 수 있을까요? 만약 소젖을 짜는 것과 같이 평범한 일로 하나님을 예배할 수 있다면 우리가 살아가는 일상, 가정과 직장과 학교에서 하는 일과 이웃과 친구들 사이에서 살아가는 일상적이고 평범한 삶이 하나님께서 받으실만한 예배일 것이며, 우리는 일상의 삶으로 얼마든지 하나님을 예배하게 될 것입니다. 한 걸음 더 나아가 내가 하는 일이 예배이며, 나의 일로 하나님을 예배할 수 있다면 일터에서도 우리는 하나님을 더욱 가까이 느낄 것이고, 직장에서 하나님과 친밀하게 동행하는 삶을 살아가게 될 것입니다. 출애굽기 34:21 말씀을 살펴보면서 이 질문에 관한 대답을 찾아보겠습니다.

'일'과 '예배'를 구분하지 않았던 언어: 히브리어 '아바드'의 비밀

출애굽기 34:21절 이 유명한 말씀에는 우리가 주목해야 할 단어가 있습니다. '일하다'라고 번역한 '아바드(עבד)'와 '쉬다'라고 번역한 '샤바트(שבת)'라는 두 단어입니다. 먼저 '샤바트'라는 단어를 간략하게 살펴보고 싶습니다. 이 단어는 '쉬다', '멈추다', '그치다', '휴식하다'와 같은 뜻을 가진 동사입니다. 이 단어에서 '안식일', '쉼'과 같은 명사가 파생했습니다. 이 단어에서 '안식일'이라는 뜻을 가진 '사바스(Sabbath)'라는 영단어가 나왔습니다.

우리가 주목하고 싶은 단어는 '일하다'라고 번역한 히브리 단어 '아바드'입니다. 2장에서도 잠깐 '아바드'라는 단어를 살펴보았는데요. '아바드'라는 단어는 성경에서 아주 중요한 의미로 사용하는 단어입니다. 처음에 '아바드'는 "섬기다", "종", "일하다"와 같은 뜻으로 사용되었습니다. 이 용법을 가장 잘 보여주는 말씀이 창세기 2:15 말씀입니다. 하나님께서 아담과 하와를 지으시고 그들에게 에덴동산을 '경작하고 지키라'고 명령하셨습니다. 이 말씀에서 '경작하다'로 번역한 단어가 바로 '아바드'입니다. 경작하다는 의미 하나만으로도 아바드라는 단어가 일하고, 섬기는 일과 관련한 단어라는 것을 알 수 있습니다.

　시간이 흐르면서 성경 저자들은 아바드라는 단어를 "예배하다", "경배하다"라는 뜻으로 사용했습니다(출 9:1, 사 19:21). 처음엔 '일하다', '섬기다', '종'이라는 의미로 사용했지만, 나중엔 똑같은 단어를 '하나님을 예배하다.', '경배하다'라는 의미로 사용한 것입니다. 이 사실에서 구약 성경 저자들이 '일'과 '예배'를 구분하지 않았다는 사실을 추론할 수 있습니다. 성경 저자가 '아바드'라는 단어를 활용한 점을 묵상하면 우리가 일을 어떻게 생각해야 하는지 알 수 있으며, 이 진리는 일을 대하는 우리의 생각과 마음과 태도를 송두리째 바꾸어놓습니다.

　성경 저자들이 일과 예배를 구분하지 않고 '아바드'라는 한 단어로 사용했다는 것과 샤바트가 안식과 쉼을 뜻한다는 사실을 기억하면서 말씀을 한 번 더 읽어보겠습니다.

*너희는 엿새 동안 **일하고(아바드)** 이렛날에는 **쉬어야 한다(샤바트).***

밭갈이하는 시절에도 거둠질하는 시절에도 쉬어야 한다.

(출애굽기 34:21, 공동 번역)

　일주일 중 6일 동안은 일하고, 이렛날에는 쉬어야 한다는 이 말씀에서 주일성수라는 개념이 시작했습니다. 당연히 우리는 6일 동안 일하고 주일을 거룩히 지켜 힘써 하나님을 예배해야 한다고 듣고 배웠고 믿었습니다. 이 가르침과 배움이 익숙해서 이 말씀을 읽으면서 다른 생각을 하거

월요일의 예배자

나, 질문할 엄두를 내지 못했던 것 같습니다. 성경 저자들이 '아바드'라는 단어를 어떤 의미로 사용했는지 생각하면서 이 말씀을 다시 읽고 묵상하면 상황이 달라집니다. 익숙했던 가르침과 배움에 균열이 생기는 것은 말할 것이 없고, 이런 생각 자체가 완전히 뒤집힙니다.

하나님께서는 모세를 통해 엿새 동안 세상에서 열심히 '아바드'하고 일곱째 날에는 '샤바트'해야 한다고 말씀하셨습니다. 전통적인 해석이 아니라 단어의 의미를 살려 다시 번역한다면 이 말씀에서 우리는 완전히 다른 가르침을 발견할 수 있습니다. 마음의 준비를 하고 의미를 살린 번역을 읽어보면 좋겠습니다.

'너희는 엿새 동안 예배(일)하고, 일곱째 날에 안식하여라'

몸으로 드리는 예배: 엿새간의 거룩한 제사

모세의 말을 성경 저자들이 이 단어를 활용한 방식을 따라 해석하면 충격적인 진리를 손에 쥘 수 있습니다. 우리가 하는 일이 곧 예배이며, 우리가 살아가는 장소, 치열하게 살아가는 일터가 곧 예배의 자리라는 진리입니다. 이 말씀에 비추어 보면 교회와 예배, 교회에서 하는 일은 신령하고 영적이지만, 세상에서 내가 하는 일은 세속적이라는 개념이 얼마나 왜곡되고 잘못된 것인지 드러납니다. 이 말씀에는 우리가 종사하는 그 일로 하나님을 예배하는 사람이 바로 우리라는 진리가 담겨 있습니다. 억지가 아닙니다. 하나님께서는 사도 바울을 통해 이 진리를 확증하는 말씀을 우리에게 주셨습니다. 로마서 12:1 말씀입니다.

위에서 말씀드린 것처럼 우리는 거룩한 것과 세속적인 것을 나누는 데 매우 익숙합니다. 어떤 일은 거룩하고 하나님 받으실만한 일이라고 생각하지만, 어떤 일은 세속적이고 하나님 받으실만한 일이 아니라고 생각합니다. 사도 바울이 로마서를 기록했을 때 로마를 휩쓸었던 철학이 있습니다. 플라톤이 집대성한 이원론적 사상입니다. 로마 시대 사람들은 영혼은 거룩하지만, 육체는 나쁘고 악하며 아무짝에도 쓸모없다고 여겼습니다. 그들이 살았던 세상의 가치에 따르면 하나님의 아들이 육체를 입고 이 땅에 오는 일은 상상할 수 없습니다. 또한, 하나님의 아들이 육체를 입고 부활하셨다는 것도 받아들이기 어려웠음이 분명합니다.

영혼과 육체, 정신과 몸을 구분하는 이원론적 사고는 필연적으로 두 가지 결과를 끌어냈습니다. 첫 번째는 금욕주의입니다. 육체는 아무짝에도 쓸모가 없고 악하다고 생각하니 육체를 괴롭히는 금욕주의가 등장할 수밖에 없었습니다. 금욕주의를 추구하는 사람들은 몸을 괴롭히고 고행하는 것을 당연하게 여겼습니다. 두 번째는 쾌락주의입니다. 육체는 아무 의미가 없으니 마음껏 사용하면서 쾌락을 추구해도 좋다고 생각한 것입니다. 고린도전서를 보면 육체를 함부로 사용하는 교회의 모습이 나옵니다.

어쩌면 그 시대를 휩쓴 이원론적 사고가 물든 결과가 아닐까 싶습니다.

아무리 대단해 보여도 이 두 철학사상은 성경의 가르침과 아무런 상관이 없습니다. 아니 성경의 가르침을 정면으로 거스르는 사상에 지나지 않습니다. 사도 바울은 로마서 12:1 말씀을 통해 몸을 바라보는 완전히 새로운 길을 제시합니다. 우리의 몸을 하나님이 기뻐하시는 거룩한 산 제물로 드리는 것입니다. 사도 바울은 우리가 몸으로 행하는 일이 하나님께 거룩한 산 제물이 될 수 있다고, 아니 우리가 몸으로 행하는 일로 하나님이 받으실만한 예배를 드려야 한다고 가르쳤습니다. 거기에는 거룩한 것과 속된 것의 구분이 전혀 없습니다. 사도 바울은 로마서에서 이 진리를 더욱 구체적으로 가르쳤습니다.

> 또한, 여러분의 지체를 불의의 무기로 죄에게 내주지 말고
> 오직 죽은 자 가운데서 다시 사신 자처럼
> 여러분 자신을 하나님께 드리며 여러분의 지체를
> 의의 무기로 하나님께 드리십시오.
> (로마서 6:13, 우리말 성경)

바울은 우리가 몸으로 하는 일로 하나님의 뜻과 의를 이루면 좋고, 이루지 않아도 좋다고 가르치지 않았습니다. 우리 몸을 죄짓는 일에 사용하지 말고 육체를 입고 부활하신 예수께서 자신을 하나님께 드리신 것처럼 하나님의 말씀과 뜻을 이루는 일에 우리 몸을 드리라고 가르쳤습니다. 우리가 몸으로 하는 일들로 하나님의 뜻을 이루어가라는 말씀입니다. 사도 바울을 통해 주신 하나님의 말씀에 따르면 우리는 몸을 학대하거나 함부로

대할 수 없습니다. 동시에 쾌락을 추구하고 탐닉하는데 몸을 맡길 수도 없습니다. 우리가 몸으로 하는 일이 거룩한 예배가 될 수 있음을 알고 우리 몸으로 하나님을 영화롭게 해야 합니다. 우리 몸과 우리가 몸으로 하는 모든 일이 하나님의 뜻과 의를 이루는 통로이기 때문입니다. 성경이 가르치는 이 진리는 자연스럽게 일과 일터로 흘러갑니다.

벽돌공의 관점: 허드렛일도 거룩한 일이 될 수 있는 이유

직장에서 하는 일이 마음에 들 수 있고, 전혀 그렇지 않을 수 있습니다. 내가 하는 일이 다른 사람들이 하는 일보다 중요하지 않게 보일 수 있습니다. 특히나 우리는 어릴 때부터 비교하고 비교당하며 살았습니다. 학창 시절에는 성적으로 순위를 매겼고, 오래전에는 전국 순위까지 공개하기도 했습니다. 이후에도 외모와 연봉, 차와 집과 같은 소유로, 시간이 더 흐르면 자녀로 비교하는 세상을 살아가고 있습니다. 그 결과라고 할까요? 우리는 자연스럽게 내가 하는 일과 다른 사람이 하는 일을 비교합니다. 남의 떡이 커 보인다는 말처럼 다른 사람이 하는 일은 중요해 보이지만, 내가 하는 일은 허드렛일처럼 보이기도 합니다. 나의 일이 너무나 평범해서 조금도 주목할만한 일이 아닌 것처럼 보일 수 있습니다. 아무리 생각하고, 자세히 살펴보아도 내가 하는 일에는 거룩한 면이 없다고 느끼기도 합니다. 하나님 나라와 예수의 복음과는 아무런 상관조차 없는 것처럼 보일 수 있습니다.

하나님께서도 그렇게 보실까요? 그렇지 않습니다. 하나님은 전혀 다르게 보십니다. 하나님 앞에 허드렛일은 없습니다. 하나님이 받으시기에 미천한 일은 없습니다. 누가 보아도 죄를 짓는 일이라거나, 성경을 통해 가르치신 하나님의 뜻을 정면으로 거스르는 일이 아니라면 하나님은 우리가 하는 모든 일을 중요하게 여기십니다. 허드렛일처럼 보이는 소젖 짜는 일로 예배받으시는 하나님은 우리가 하는 일로 예배받으시길 원하십니다.

그리스도인은 세상의 가르침이나 사람들의 견해를 따르는 사람이 아닙니다. 성경의 가르침을 따라 가치관과 세계관을 만들어 가고 마음과 생각과 가치관과 말과 행동과 삶을 수정하는 사람입니다. 일에 관한 생각도 다르지 않습니다. 일에 관한 생각은 더더욱 성경의 가르침을 따라 정립해야 합니다. 내가 하는 일에 대한 안목과 가치관을 성경 말씀을 따라 재설정해야 합니다. 우리는 가정과 직장, 학교와 일상에서 '아바드'(일, 예배) 합니다. 그리스도인은 우리가 하는 일상의 일로 하나님을 예배(아바드)하는 사람입니다. 잘 알려진 세 벽돌공의 이야기는 아바드의 의미를 잘 보여줍니다.

지나가던 한 사람이 벽돌을 쌓는 사람 세 명에게 물었습니다.
지금 무엇을 하고 있습니까? 첫 번째 벽돌공은 힐끗 쳐다보더니
어이없다는 말투로
"먹고 살기 위해 일하는 중이요."라고 대답했습니다.
두 번째 벽돌공도 크게 다르지 않았습니다.
그는 "보시다시피 건물을 짓고 있습니다."라고 대답했다고 합니다.
마지막 세 번째 벽돌공은 빙그레 웃으며
"성도들이 하나님을 예배할 예배당을 짓고 있습니다."라고

세 사람이 똑같은 일을 하고 있지만, 그들이 보인 태도는 완전히 다릅니다. 세 명의 벽돌공이 일에서 발견한 의미는 하늘과 땅 차이로 갈립니다. 그리스도인은 세 번째 사람처럼 벽돌 쌓는 평범한 일로 하나님을 예배하는 사람입니다. 벽돌 쌓는 일, 소젖 짜는 일, 커피 타고, 복사하고, 청소하고, 설거지하는 일상의 일로 하나님을 예배하는 사람입니다. 아니 그리스도인은 우리가 하는 일로 하나님을 예배해야 합니다. 하나님께서 엿새 동안 일을 통해 힘써 예배(아바드)하라고 말씀하셨기 때문입니다.

예수, 최고의 예배자: 섬김으로 완성된 하나님의 일

일이 곧 예배라는 증거는 차고도 넘칩니다. 예수를 통해서도 우리는 이 진리를 쉽게 발견할 수 있습니다. 마가복음 10:45을 읽어봅시다.

나는 섬김을 받으러 온 것이 아니라 섬기러 왔으며

많은 사람의 죗값을 치르기 위해 내 생명마저 주려고 왔다

(마가복음 10:45, 현대인의 성경)

이 말씀은 예수의 사명 선언문과 같습니다. 예수는 섬기기 위해 오셨습니다. 그 섬김은 많은 사람의 죗값을 치르기 위해 자기 생명까지 내어 주는 섬김입니다. 그렇습니다. 섬김은 예수의 사명입니다. 예수의 말씀에서 '섬기다'로 번역한 단어는 헬라어 디아코네오(διακονέω)에서 파생한 단어입니다. 이 단어를 히브리어로 번역한다면 '아바드'로 바꾸어야 합니다. 히브리 단어 '아바드'를 헬라어로 번역한다면 '디아코네오'라는 단어를 사용할 것입니다. 예수께서 가르치신 이 중요한 말씀을 보면서 '아바드'라는 단어를 생각해야 할 이유입니다.

앞서 살펴본 것처럼 아바드는 '섬기다', '일하다'와 같은 뜻을 가진 단어입니다. 동시에 '종'이라는 뜻도 있습니다. 예수께서는 '종'으로 섬기기 위해 이 땅에 오셨습니다(빌 2:7). 종으로 오신 예수의 삶은 섬김 그 자체였습니다. 복음서에 기록된 예수의 일상을 보십시오. 저잣거리에서 만나는 수많은 죄인과 병자와 귀신 들린 사람을 고치셨습니다. 여자와 아이들을 사랑하셨고, 온갖 종류의 죄인에게 자유를 주셨습니다. 만나는 모든 사람에게 하나님 나라를 선포하시고 가르치셨습니다. 무엇보다 예수께서는 말씀하신 대로 세상 죄를 짊어지시고 십자가에 못 박혀 죽기까지 섬기셨습니다.

'아바드'는 일이자, 섬김이며 동시에 예배입니다. 이런 맥락에서 볼 때 예수께서 일상에서 많은 사람을 섬기신 일과 십자가에 달려 죽기까지 하나님을 섬기신 일은 하나님을 향한 예수의 최고, 최상의 예배라고 해야 정확할 것입니다. 하나님은 예수의 모든 삶과 섬김을 통해 최고의 예배를 받으셨습니다. 우리의 푯대이신 예수는 일상에서의 섬김이 하나님께 드리는 예배라는 것을 당신의 삶으로 보여주셨고 가르쳐주셨습니다.

직업의 귀천이 사라질 때: 모든 섬김은 예배가 된다

예수는 종이시며, 종이신 예수는 섬기는 분이십니다. 예수를 주목하면 알 수 있듯이 다른 사람을 섬기려면 반드시 종의 자리로 내려가서 일해야 합니다. 일하지 않고 누군가를 섬길 수 있다는 말은 거짓말입니다. 예수는 항상 낮은 곳으로 내려가셨고, 그곳에서 하나님 나라를 전하고 가르치셨으며, 많은 사람을 먹이셨고 온전하게 하셨습니다. 예수는 그야말로 성실하고 신실한 최고의 일꾼이었습니다. 다시 말해 예수는 최고의 예배자였습니다.

예수께서 보이신 것처럼 섬김은 예배입니다. 섬김이 곧 예배라는 진리를 붙들면 일과 일터를 바라보는 우리의 시선은 물론 일하는 우리의 태도역시 변할 수밖에 없습니다. 어떤 사람은 농사를 짓습니다. 축산업이나 어업에 종사하는 사람이 있습니다. 어떤 사람은 옷을 디자인합니다. 어떤 사람은 건축에 종사합니다. 어떤 사람은 영화와 음악을 만들고, 어떤 사람은 스포츠와 관련한 일에 종사합니다. 어떤 사람은 물건을 만들고, 어떤 사람은 유통하며, 어떤 사람은 판매합니다. 어떤 사람은 안전과 관련한 일에 종사하고, 어떤 사람은 의료계에 종사합니다. 어떤 사람은 누군가를 가르치고, 어떤 사람은 머리를 만집니다. 어떤 사람은 쓰레기를 치웁니다. 어떤 사람은 누군가의 때를 벗깁니다. 그들의 섬김을 통해 우리가 많은 것을 누리며 사람답게 살아갑니다. 예수는 그 모든 섬김이 예배라고 말씀하십니다.

사람들은 좋은 직업과 그렇지 않은 직업을 구분합니다. 자부심을 가져도 좋을 일이 있고, 그렇지 못한 일이 있다고 생각합니다. 하나님은 그렇게 말씀하지 않습니다. 우리가 하는 일, 설령 그것이 쓰레기를 치우고, 누군가의 때를 벗기고, 누군가의 머리를 다듬는 일이라 하더라도 그 모든 일이 섬김이며 곧 하나님이 받으시는 예배라고 말씀하십니다. 직업에 귀천이 없다는 말은 사람이 만든 말이 아니라 성경의 가르침입니다. 내가 무슨 일에 종사하든 상관없이 우리는 일하고 섬기는 사람이며, 예수께서 모범을 보이신 것과 성경 말씀이 가르치듯이 다른 사람을 섬기는 일은 하나님이 받으시는 최고의 예배입니다. 그렇습니다. 우리 그리스도인은 나의 일로 하나님을 예배하는 예배자입니다.

우리는 매일 예배하는 존재: 삶의 모든 순간을 예배로

폭을 더 좁혀도 좋습니다. 대부분 교회에서는 주일 예배 후에 점심을 먹습니다. 식당 봉사자들이 미리 재료를 사고, 손질하고, 식사 준비하기 때문에 누리는 은혜입니다. 주말이면 예배당을 쓸고 닦는 분이 계셔서 쾌적하게 예배합니다. 방송 장비를 담당하는 분들이 있어서 좋은 분위기 속에서 예배합니다. 반주하는 사람이 있어서 힘차게 찬양을 부르고, 말씀을 준비하고 전하는 사람이 있어서 하나님의 말씀을 듣습니다. 예배자로서 자리를 채우는 사람이 있어서 예배가 풍성합니다. 코로나 시절 저는 단 한 사람도 없는 텅 빈 예배당에서 설교한 적이 여러 번 있습니다. 예배 자리를 지키고 채우는 분이 얼마나 소중한지 깨달은 시간이었습니다. 이처럼 사소해 보이지만, 우리가 일상에서 하는 크고 작은 모든 일이 섬김입니다. 하나님은 우리의 섬김을 최고 최상의 예배로 받아주십니다. 다시 말씀드리지만, 우리가 하는 모든 일이 예배입니다. 우리는 나의 일로 하나님을 예배하는 예배자입니다.

이 관점에서 직업, 직장, 일과 일상을 보아야 합니다. 우리 각 사람이 행하는 일은 그 일이 무엇이든지 상관없이 하나님을 향한 예배입니다. 예수의 일과 섬김이 하나님을 향한 최고의 예배이듯이, 우리의 일과 섬김 역시 우리가 하나님께 드릴 수 있는 최고의 예배입니다. 설령 아무도 주목하지 않는 평범한 일을 하거나, 사람들이 허드렛일이라고 말하는 일이어도 얼마든지 그 일로 하나님을 예배할 수 있습니다. 아니 그 일로 하나님을 예배해야 합니다. 이것이 사도 바울이 말한 것처럼 우리 몸을 하나님 받으실만한 산 제사로 드리는 것입니다.

하나님은 나의 일로 하나님을 예배하라고 말씀하십니다. 엿새 동안 살아가는 곳에서 '아바드' 하라고, 일하고 섬김으로 하나님을 예배하라고 말씀하셨습니다. 이 말씀을 믿고 확신한다면 우리에게 어떤 변화가 일어날까요? 가장 먼저 일을 대하는 우리의 마음가짐과 태도는 달라질 것입니다. 사업가라면 사업장에서 예배하듯 사업할 것입니다. 직장인은 일터에서 예배하듯 일할 것입니다. 전업주부는 가정에서 예배하듯 살림할 것이고, 학생은 학교에서 예배하듯 공부할 것입니다. 나의 일로 하나님을 예배한다는 진리를 붙든다면 우리는 정직하고 성실하게, 친절하고 사려 깊게, 최선을 다해 일하고 공부할 것입니다. 우리가 종사하는 일에서 탁월함을 추구할 것입니다. 우리의 일상과 우리가 하는 일이 하나님을 향한 예배이기 때문입니다.

아바드와 샤바트의 리듬: 쉼이 있는 예배, 힘을 얻는 안식

다시 말씀으로 돌아가겠습니다. 하나님께서는 모세를 통해 엿새 동안 힘써 '아바드'(일, 섬김, 예배)하고, 일곱째 날에는 '샤바트'(שבת) 하라고 말씀하셨습니다. 아바드의 의미는 이미 살펴보았습니다. 이제 샤바트에 관해 간략하게 살펴보겠습니다. '샤바트'는 안식을 뜻하는 히브리 단어입니다. 우리가 살펴보았던 아바드의 의미를 살려 이 말씀을 해석하면 엿새 동안 우리가 하는 일로 힘써 하나님을 예배하고 일곱째 날에 하나님 앞에서 안식과 쉼을 누리라는 하나님의 말씀과 명령으로 받아들일 것입니다.

하나님은 이 말씀을 통해 예배와 쉼의 리듬을 가르치셨습니다. 많은 그리스도인이 교회 생활을 하면서 주일이 가장 바쁘고 일이 많고 피곤하다는 사실을 경험합니다. 어떤 성도는 주일을 마치고 집으로 돌아가면 녹초가 된다고 말하기도 합니다. 우리는 성경 말씀에 충실한 교회요 그리스도인으로 자라가야 합니다. 함께 나눈 말씀처럼 엿새 동안 살아가는 자리에서 힘써 하나님을 예배하는 교회로 성장하고 성숙하길 기대하고 꿈꾸어야 합니다.

동시에 주일이면 흩어진 자리에서 힘써 예배하던 성도가 한자리에 모여 주 안에서 참 만족과 쉼, 아름답게 교제하며 하나가 되는 교회를 꿈꾸어야 합니다. 하나님께 찬양하고 말씀을 듣고, 함께 음식을 먹고 마시고, 성도의 교제를 누리면서 몸과 마음의 안식과 쉼을 누리고 힘을 얻는 교회로 자라가야 합니다. 주일날 집으로 돌아갔을 때 이제 다 끝났다는 한숨과 탄식이 아니라 새로운 한 주간 일터와 삶의 자리에서 힘써 하나님을 예

배할 힘과 은혜를 얻었다는 고백이 터져 나오는 교회를 꿈꾸고, 그런 교회
를 세워가야 할 것입니다.

하나님의 말씀을 주목할 뿐 아니라 일(창조)과 안식의 리듬을 창조하신
하나님을 주목하면서 아바드와 샤바트의 리듬을 배우고 익히고 실천하는
교회를 만들어 갑시다. 시간이 흘러도 변함없이 아바드와 샤바트의 리듬
을 지켜가는 하나님 닮은 교회로 성장해 갑시다. 엿새 동안 힘써 나의 일
로 하나님을 예배하고 주일이면 하나님 안에서 다른 성도와 함께 안식하
고, 쉼을 누리고, 힘을 얻는 매력적이고, 멋있고, 아름다운 교회를 꿈꾸고
함께 만들어 갑시다. 이것이 이 시대를 살아가는 우리에게 주신 시대적
사명일 것입니다.

1. 당신의 일상이나 직업에서 '소젖 짜는 일'처럼 평범하거나, 때로는 지루하고 반복적이어서 의미를 찾기 어려운 일은 무엇입니까? 그 일을 '예수님을 섬긴다'라는 관점으로 다시 보았을 때, 그 일의 가치나 그 일을 대하는 당신의 태도에 어떤 변화가 생길 것 같습니까?

2. 당신의 몸과 지체를 사용하여 하나님께 드리는 예배는 일터나 가정에서 구체적으로 어떤 모습으로 나타나야 할까요?(예: 정직한 손으로 일하기, 친절한 언어로 동료를 대하기, 성실하게 시간을 사용하기 등) 나의 몸으로 드리는 삶이 하나님 받으실만한 산 제물이 되기 위해 오늘 결심하고 실천할 수 있는 작은 행동 하나는 무엇입니까?

3. 당신이 지금 하고 있는 일의 가장 궁극적인 목적은 무엇이라고 생각하십니까?(예: 돈, 승진, 자아실현, 혹은 하나님과 이웃 섬김) 만약 그 최종 목적이 '하나님께 드리는 예배'라면, 지금 당신의 일하는 태도에서 가장 크게 바꾸어야 할 우선순위는 무엇이라고 느끼십니까?

4. 당신의 삶에서 '열심히 일하고 섬기는 아바드'의 시간과 '온전히 쉬고 회복하는 샤바트'의 시간은 건강하게 균형 잡혀 있습니까? '쉼이 있는 예배'와 '힘을 얻는 안식'을 경험하기 위해, 이번 주 당신의 일이나 주일 스케줄에서 의도적으로 조절하거나 새롭게 시도해 보고 싶은 것은 무엇입니까?

6장

요셉의 리더십:
절망의 자리에서 피어난 믿음의 증거

요셉이 이집트로 끌려갔다. 요셉을 이집트로 끌고 내려간 이스마엘 사람들은, 바로의 신하인 경호대장 이집트 사람 보디발에게 요셉을 팔았다.

주님께서 요셉과 함께 계셔서, 앞길이 잘 열리도록 그를 돌보셨다. 요셉은 그 주인 이집트 사람의 집에서 살게 되었다.

그 주인은, 주님께서 요셉과 함께 계시며, 요셉이 하는 일마다 잘 되도록 주님께서 돌보신다는 것을 알았다.

주인은, 요셉이 눈에 들어서, 그를 심복으로 삼고, 집안 일과 재산을 모두 요셉에게 맡겨 관리하게 하였다.

그가 요셉에게 자기의 집안 일과 그 모든 재산을 맡겨서 관리하게 한 그 때부터, 주님께서 요셉을 보시고, 그 이집트 사람의 집에 복을 내리셨다. 주님께서 내리시는 복이, 주인의 집 안에 있는 것이든지, 밭에 있는 것이든지, 그 주인이 가진 모든 것에 미쳤다.

그래서 그 주인은, 자기가 가진 모든 것을 요셉에게 맡겨서 관리하게 하고, 자기의 먹거리를 빼고는 아무것도 간섭하지 않았다. 요셉은 용모가 준수하고 잘 생긴 미남이었다.

일이 이렇게 된 지 얼마 지나지 않아서, 주인의 아내가 요셉에게 눈짓을 하며 "나하고 침실로 가요!" 하고 꾀었다.

그러나 요셉은 거절하면서, 주인의 아내에게 말하였다. "주인께서는, 모든 것을 나에게 맡겨 관리하게 하시고는, 집안 일에는 아무 간섭도 하지 않으십니다. 주인께서는, 가지신 모든 것을 나에게 맡기셨으므로,

이 집안에서는, 나의 위에는 아무도 없습니다. 나의 주인께서 나의 마음대로 하지 못하게 한 것은 한 가지뿐입니다. 그것은 마님입니다. 마님은 주인 어른의 부인이시기 때문입니다. 그런데 내가 어찌 이런 나쁜 일을 저질러서, 하나님을 거역하는 죄를 지을 수 있겠습니까?"

요셉이 이렇게 말하였는데도, 주인의 아내는 날마다 끈질기게 요셉에게 요구해 왔다. 요셉은, 그 여인과 함께 침실로 가지도 않았을 뿐만 아니라, 아예 그 여인과 함께 있지도 않았다.

하루는 요셉이 할 일이 있어서 집 안으로 들어갔는데, 그 집 종들이 집 안에 하나도 없었다.

여인이 요셉의 옷을 붙잡고 "나하고 침실로 가요!" 하고 졸랐다. 그러나 요셉은, 붙잡힌 자기의 옷을 그의 손에 버려 둔 채, 뿌리치고 집 바깥으로 뛰어나갔다.

여인은, 요셉이 그 옷을 자기의 손에 버려 둔 채 집 바깥으로 뛰어나가는 것을 보고,

집에서 일하는 종들을 불러다가 말하였다. "이것 좀 보아라. 주인이, 우리를 웃음거리로 만들려고 이 히브리 녀석을 데려다 놓았구나. 그가 나를 욕보이려고 달려들기에, 내가 고함을 질렀더니,

그는 내가 고함지르는 소리를 듣고, 제 옷을 여기에 내버리고, 바깥으로 뛰어나갔다."

이렇게 말하고, 그 여인은 그 옷을 곁에 놓고, 주인이 집으로 돌아오기를 기다렸다.

주인이 돌아오자, 그에게 이렇게 일러바쳤다. "당신이 데려다 놓은 저 히브리 사람이, 나를 농락하려고 나에게 달려들었어요.

내가 사람 살리라고 고함을 질렀더니, 옷을 내 앞에 버려 두고, 바깥으로 뛰어나갔어요."

주인은 자기 아내에게서 "당신의 종이 나에게 이 같은 행패를 부렸어요" 하는 말

을 듣고서, 화가 치밀어올랐다.

요셉의 주인은 요셉을 잡아서 감옥에 가두었다. 그 곳은 왕의 죄수들을 가두는 곳이었다. 요셉이 감옥에 갇혔으나,

주님께서 그와 함께 계시면서 돌보아 주시고, 그를 한결같이 사랑하셔서, 간수장의 눈에 들게 하셨다.

간수장은 감옥 안에 있는 죄수를 모두 요셉에게 맡기고, 감옥 안에서 일어나는 온갖 일을 요셉이 혼자 처리하게 하였다.

간수장은 요셉에게 모든 일을 맡기고, 아무것도 간섭하지 않았다. 그렇게 된 것은 주님께서 요셉과 함께 계시기 때문이며, 주님께서 요셉을 돌보셔서, 그가 하는 일은 무엇이나 다 잘 되게 해주셨기 때문이다.

창세기 39:1-23, 새번역

군 제대 후 복학하기 전까지 몇 달간의 시간이 있었습니다. 집안 형편이 넉넉하지 않아서 아르바이트하면서 등록금을 마련해야겠다고 생각했습니다. 때마침 통영 매립지에서 막노동을 할 수 있는 기회가 있었습니다. 거기서 여름 동안 아르바이트하면서 보냈습니다. 그때 모든 사람이 성실하게 일하지 않는다는 사실을 다시금 확인했습니다. 함께 아르바이트하던 대학생 중에 정말 성실하게 일하는 사람도 있었지만, 손에 꼽을 정도였고, 대부분 눈치껏 요령을 피워가면서 일했습니다. 6월 말에 제대해서 7월부터 시작했으니 날이 제법 더웠습니다. 그 더위에 최선을 다해 일하기란 쉽지 않았습니다. 게다가 그 일이 나의 업도 아니었고 아르바이트였으니 굳이 최선을 다할 이유가 없었다고 생각했던 것이 아닐까 짐작합니다.

해가 바뀌고 가을에서 겨울로 넘어가는 때 그 매립지에 조경공사가 있었습니다. '놀면 뭐 하겠나. 학비라도 벌어야지.'라는 마음으로 그때도 그곳에서 아르바이트를 했습니다. 같은 장소였지만, 다른 돌발상황이 있었습니다. 겨울은 농한기입니다. 농부였던 아버지는 별다른 일이 없으시다며 저와 같은 곳에서 일하시길 원하셨고, 결국, 아버지와 저는 같은 곳에서 일하게 되었습니다. 시골에서 농사를 짓는 분들의 성향이 그러기도 하거니와 농부 아버지는 정말 성실하고 부지런하게 일하시는 분이셨습니다. 눈에 일이 보이면 그냥 넘어가는 법이 없으셨습니다. 종종 남의 집 밭까지도 알아서 그것도 무척 꼼꼼하게 갈아주시는 성격의 소유자이셨습니다. 그런 성품의 아버지와 같은 장소에서 같이 일하기가 얼마나 힘든지 배웠습니다. 솔직히 말하자면 어지간하면 부지런하시고 성실하신 아버지와 함께 일하면 안 된다는 것을 제대로 깨달았습니다.

말이 조경공사지 막노동이었습니다. 몸을 부지런히 움직여야만 했고, 종종 힘을 써야 할 때도 있었습니다. 아들로서 아버지가 더 힘을 쓰고, 더 많이 움직이게 할 수는 없는 노릇이었습니다. 소소한 잔일과 잡일은 당연히 저의 몫이었고 힘을 많이 써야 하는 일도 저의 몫이었습니다. 그 아르바이트를 다 마친 후에 아버지께 한 마디 드렸습니다. "아버지 다음부터는 이런 일 하지 마세요!" 연로하신 아버지의 건강이 걱정이어서 드린 말씀입니다.

마음 저 한구석에 숨겨 둔 속내도 있었습니다. 지면을 빌려 고백하자면, 아버지와 함께 일하니 도무지 요령을 피우거나 농땡이를 칠 수가 없었습니다. 제 몫으로 돌아오는 일도 많았던 것은 두말할 필요가 없지요, 무척이나 힘들었습니다. 다음엔 절대로 아버지와 같이 일하면 안 되겠다 싶어서 드린 속 시커먼 말씀이기도 했습니다. 늘 부지런히 일하셨던 아버지 어머니의 모습을 보면서 숙연해질 때가 있고, 참 좋은 일꾼이라는 생각을 많이 했었습니다. 나는 과연 아버지처럼 일하는 일꾼이 될 수 있을까? 답하기 어려운 질문도 나에게 던지곤 했었습니다.

자신에게 질문해 봅시다. '과연 나는 어떤 일꾼일까?' 좋은 일꾼이 되는 것은 쉬운 일이 아닙니다. 남보다 더 수고해야 하고, 정직해야 하며, 바른 선택을 할 수 있어야 하고, 기꺼이 희생해야 할 때도 있을 것입니다. 조금은 결이 다른 질문을 자신에게 던져봅시다. 하나님은 우리가 어떤 일꾼이 되기를 원하실까요? 수동적인 일꾼이길 원하실까요? 적당한 수준에서 적당히 일하는 일꾼이길 기대하실까요? 아니면 어디에서 무슨 일을 하든지 부지런하고 성실하게 일하는 일꾼, 한 걸음 더 나아가 기대한 것보다 더 큰일을 멋지게 해내면서도 인간미를 잃지 않는 탁월한 일꾼이길 원하실까요? 대답하기 까다로운 이 질문에 관한 대답은 이미 우리가 살펴보았습니다. 기억을 되살리기 위해 그 대답을 간략하게나마 살펴보겠습니다.

창세기 1장이 보여주듯 하나님은 일꾼입니다. 단순한 일꾼이 아니라 그 누구와도 비교할 수 없는 가장 탁월한 일꾼이십니다. 사람은 일꾼 하나님의 형상을 따라 지음을 받았습니다. 성실하고 신실하며 탁월한 일꾼이신 하나님의 형상을 따라 창조된 사람은 하나님을 닮아 성실하고 신실하며 탁월한 일꾼이 되어야 할 것입니다. 성경에서 탁월한 일꾼 하나님을 닮은 탁월한 일꾼의 행적을 추적하면 일꾼 하나님을 닮은 사람이 어떻게 일하는 사람인지 구체적으로 알 수 있습니다. 이번 장에서는 탁월한 일꾼으로 살아간 구약 인물 요셉을 통해 우리가 어떤 마음과 태도로 일하는 사람이 되어야 할지 살펴보겠습니다.

탁월함은 타고나는가?: 편애받던 소년, 노예가 되다

요셉은 워낙 유명한 성경 인물이어서 더 설명이 필요 없을 정도지만, 일과 신앙이라는 관점에서 요셉의 삶을 간략하게 살펴보겠습니다. 요셉은 야곱의 열두 명의 아들 중 11번째로 태어났습니다. 야곱은 열두 아들 중 요셉을 가장 사랑했습니다. 이유가 있습니다. 요셉은 야곱이 사랑했던 여인 라헬이 낳은 첫 번째 아들이었기 때문입니다. 기록이 없지만, 추측하건대 야곱은 라헬이 낳은 첫째 아들 요셉을 장자로 여긴 것이 아닐까 싶습니다.

열두 아들 중 한 명을 편애하는 것도 문제지만, 너무 티 나게 편애하는 것은 더 큰 문제를 일으키는 법입니다. 야곱은 요셉에게 한눈에 보기에도 화려한 채색옷을 입혔습니다. 그때나 지금이나 옷은 신분을 상징합니다. 야곱이 요셉에게 입힌 옷은 그의 신분을 나타내기에 안성맞춤이었습니다. 당시 시대적 문화적 맥락에서 볼 때 장남이 받아야 할 대우를 끝에서 두 번째에 해당하는 요셉이 받았다고 해도 좋습니다. 다른 형제들은 아버지 야곱이 요셉을 가장 사랑하는 것은 물론 그를 장자처럼 여긴다는 사실을 모르고 싶어도 모를 수가 없었습니다. 당연히 질투와 시기심과 미움이 발동할 수밖에 없었습니다.

아버지 야곱의 편애만 해도 사태가 심각한데, 요셉에게는 이 사태를 더 심각하게 만드는데 이바지하는 도드라지는 문제가 있었습니다. 요셉이 지나칠 정도로 눈치가 없다는 점과 고자질을 참지 못한다는 점이었습니다. 십 대가 된 요셉은 꿈을 꾸었습니다. 비슷한 꿈을 두 번이나 꾸었는데, 그 꿈은 굳이 설명하지 않아도 조금만 생각하면 대충이라도 그 의미를 눈치챌 수 있는 꿈이었습니다. 눈치라고는 없었던 요셉은 그 꿈을 꾸자마자 형님들에게 쪼르르 달려가 자기 꿈을 이야기했습니다. 아마도 아버지가 지어서 입힌 그 채색옷을 입은 채로…. 물론 그 꿈은 하나님께서 주신 꿈이었지요. 그렇다고 그 꿈을 가뜩이나 자기를 미워하는 형들에게 자랑하듯 떠벌리는 것은 지혜로운 행동이 아닙니다. 그것은 마치 불난 집에 기름을 끼얹는 것과 다를 바 없는 미련한 행동이었습니다. 게다가 요셉은 종종 형들의 잘못을 아버지 야곱에게 고자질까지 했습니다. 형들의 처지에서 보면 복장 터질만한 일들의 연속이라고 해도 지나친 말은 아닐 것입니다.

　그러던 어느 날 요셉의 형들이 집에서 제법 떨어진 곳에서 양을 치던 때였습니다. 아버지 야곱은 형들이 잘 있는지 걱정이 되어 요셉을 형들에게로 보냈습니다. 아버지 야곱도 참으로 눈치가 없긴 매한가지입니다. 놀랍게도 바로 이때 요셉이 일꾼으로서 어떤 자질이 있었는지 드러나는 장면이 기록되어 있습니다. 먼저 아버지 집에서 형들이 양을 먹이던 곳까지 거리가 어느 정도인지 생각해 볼 필요가 있습니다. 그때 야곱은 헤브론에 머물고 있었고 아들들은 세겜에서 양을 치고 있었습니다. 지금 지도로 살펴보면 헤브론에서 세겜까지 거리는 약 80km나 됩니다. 실제 거리가 그 정도였다면 걸어서 가기엔 상당한 거리이며, 부지런히 걸어도 꼬박 이틀을 걸어야 하는 거리입니다. 대략 편도 2박 3일 일정입니다.

　요셉이 세겜에 도착했지만, 형들은 그곳에 없었습니다. 십 대 청소년이 그 정도 심부름했으면 그냥 집으로 돌아갈 법도 한데, 요셉은 그렇게 하지 않았습니다. 기어이 형들을 만나야겠다는 마음으로 수소문했고, 끝내 형들이 도단에 있다는 것을 알아냈습니다. 도단은 세겜에서 대략 30km 정도 북쪽으로 더 올라가야 하는 곳입니다. 거의 하루를 더 걸어가야 하는 곳입니다. 요셉은 집으로 돌아가는 길을 선택할 수 있었지만, 오히려 가깝지 않은 도단으로 가는 그 길을 꾸역꾸역 걸어서 형들을 찾아갔습니다. 아버지가 맡긴 일에 그가 얼마나 신실한지 보여주는 장면입니다. 비록 눈치는 없었지만, 십 대 청소년일 때부터 요셉은 좋은 일꾼의 자질을 갖추고 있었습니다.

　그 열심이 자기를 위험에 빠뜨릴 것이라고는 요셉은 상상도 하지 못했을 것입니다. 도단에 있던 형들은 요셉이 온다는 것을 단번에 알아차렸습

　　　　　　　　　　　　　　　　　　　　　월요일의 예배자

니다. 요셉이 입은 옷 때문이었습니다. 그곳까지 가면서 그 옷을 입었다는 것도 요셉이 얼마나 눈치가 없고 순진한지 보여주는 장치가 아닐까 싶습니다. 형들은 요셉이 채 도착하기도 전에 그를 죽여 버리기로 결의했습니다. 장자 르우벤은 요셉을 죽이기보다는 구덩이에 던져버리자고 말합니다. 장자로서 아우 요셉을 살려 아버지 야곱에게로 돌리기 위한 방책이었겠지요. 우여곡절 끝에 요셉은 가까스로 죽음은 피했지만, 지나가는 상인들에게 노예로 팔리고 말았습니다. 알리바이를 만들기 위해 형들은 요셉의 옷을 찢고 짐승의 피를 묻혀 아버지 야곱을 속였습니다.

이집트로 끌려간 요셉은 바로의 친위 대장 보디발의 노예가 되어 보디발의 집에서 일하게 되었습니다. 한 집안의 사랑받는 아들에서 다른 나라 사람의 종으로 전락하고 말았습니다. 십 대 소년에겐 지나칠 정도로 가혹한 삶입니다. 놀랍게도 바로 그곳에서 일꾼 요셉의 참모습이 드러납니다. 하루아침에 노예가 되어 보디발의 집에서 일하게 되었지만, 요셉은 얼마 지나지 않아 보디발의 눈에 띄게 되었습니다. 어떻게 그럴 수 있었을까요? 요셉이 다른 노예들과는 다른 태도로 일했다는 것 외에는 달리 설명할 방법이 없습니다.

보디발의 눈에 요셉은 다른 노예와는 사뭇 달랐습니다. 요셉에게는 다른 노예들에게서 볼 수 없는 진정성이 있었습니다. 그는 정직했고, 진실했으며, 성실했습니다. 심지어 탁월하기까지 했을 것입니다. 얼마 지나지 않아 보디발은 요셉에게는 얼마든지 신뢰하고 일을 맡길 수 있다는 것을 알았을 것입니다. 요셉이 정말 좋은 일꾼이었다는 뜻입니다. 요셉을 주목하면 그가 일꾼으로서 보여준 주요한 특징을 찾을 수 있습니다. 우리가 요셉에게서 배워야 할 좋은 일꾼의 특징이 무엇인지 요셉이 보여준 행적을 주목하면서 살펴보겠습니다.

뒤돌아보지 않는 용기: 과거의 굴레를 끊어낸 삶

잠깐 자기 자신의 삶을 돌아보면 좋겠습니다. 특히 지금까지 살아오면서 겪었던 상처와 모욕, 수치와 고통에 관해 생각해봅시다. 혹시 살아오시면서 나를 죽이려고 했던 사람이 있었습니까? 사기를 당해 금전적으로 큰 손해를 입은 적이 있었습니까? 누군가의 이간질로 관계가 깨진 적이 있습니까? 중상모략과 근거 없는 비난으로 인해 앞길이 막힌 적이 있습니까? 신뢰했던 사람의 배신으로 깊은 상처를 입은 적이 있습니까?

깊고 짙은 상처와 아픔을 남긴 사건이나 사람은 쉽게 흘려보내기 어렵고, 잊기도 어렵습니다. 그 사람을 용서하기는 더더욱 어렵습니다. 과거의 아픔과 상처를 곱씹다 보면 그때의 감정이 되살아나는 것을 느낄 수도 있습니다. 자칫 잘못하면 그때 느꼈던 분노가 다시 끓어오르고 증오가 피어오를지 모릅니다. 만약 그렇다면 그 사람과 그 사건을 잊지 못한 것은 물론 용서하지 못하고, 용서할 마음조차 없다고 해도 지나치지 않을 것입니다(이런 맥락에서 용서는 한 번이 아니라 반복해야 할 일임을 알 수 있습니다). 어쩌면 피해의식에 사로잡히기도 하고, 자기연민에 빠져 허덕이기도 할 것입니다. 이런 상황이 되면 외상 후 스트레스(PTSD)처럼 과거에 겪었던 사건과 일에 몸과 마음이 묶입니다. 당연히 한 발짝도 앞으로 나가지 못합니다. 이것은 결코, 가볍게 여길 일이 아닙니다.

어릴 때 기억을 더듬어 보면 부엌에 어머니가 쓰시는 물통이 하나 있었습니다. 정확한 용도가 무엇인지 그때는 몰랐습니다. 그 물통에는 거의 매번 물이 차 있었는데 평소에 보면 물이 제법 깨끗해 보였습니다. 통만 깨끗하다면 마셔도 될 것 같은 느낌이었습니다. 완전 착각이었습니다. 어머니가 설거지하실 때 그 물통의 용도를 알게 되었는데요. 설거지하고 남은 물을 받는 용도였습니다. 그릇을 씻고 난 물을 그 물통에 부으면 아래 깔려 있었던 온갖 음식쓰레기가 뒤집혀 올라왔습니다. 얼마나 더러웠던지 구역질이 날 정도였습니다. 지금까지 생생하게 기억할 만큼 충격적이었습니다.

과거의 아픔과 고통, 분노를 비워내지 못하고 마음 저 아래에 숨겨 두는 것이 이와 비슷합니다. 평소에는 아무렇지 않을 수 있습니다. 어딘지 약간은 께름칙한 면이 있어 보여도 저 정도 문제는 누구에게나 있는 문제라 생각하기 쉽습니다. 어떤 사람은 정말로 마음이 맑고 깨끗해 보일지도 모를 일입니다. 하지만, 어떤 자극이 생기면 속이 뒤집히고, 뒤집힌 속에서는 복수심, 자기 연민, 분노와 같은 온갖 추한 것들이 쏟아져 나올 수 있습니다. 별것 아닌 작은 일에도 쉽게 또 자주 불평불만과 원망이 쏟아내고, 때때로 걷잡을 수 없을 정도로 일을 크게 만들기도 할 것입니다. 흔히 말하는 분노조절 장애에 시달릴지도 모를 일입니다. 만약 그렇다면 좋은 사람이 되기 어렵습니다. 좋은 삶을 살아가기도 힘듭니다. 당연히 좋은 일꾼이 되기 어렵습니다. 아니 불가능하다고 말해도 지나치지 않습니다.

여기서 요셉을 생각해 보아야 합니다. 비록 이복형제였지만, 형들에게 미움을 받았습니다. 요셉을 향한 형들의 시기와 질투, 미움은 극에 달했고 요셉을 죽이려고 했습니다. 요셉이 아무리 눈치가 없기로서니 그 정도 살기조차 느끼지 못했다고 생각할 수는 없습니다. 형들은 요셉을 죽이는 대신 노예로 팔아먹었습니다. 일종의 인신매매입니다. 노예가 된 요셉은 파라오의 군대장관 보디발의 소유가 되었습니다. 말도 제대로 통하지 않는 곳에서 노예로 살아가기 위해 지문이 닳아 없어질 정도로 일해야 했을 것입니다. 시체처럼 쓰러져 잠들기를 바라며 몸이 부수어질 정도로 일했을지도 모를 일입니다. 불평불만, 분노, 원망과 절망으로 마음을 채운다고 해서 조금도 이상하지 않습니다. 이것이 전부가 아닙니다.

보디발에게 은혜를 얻어 요셉은 보디발의 집안 총무가 되었습니다. 이제 조금 괜찮아졌다 싶을 때 보디발의 아내가 집요하고 지독하게 유혹했습니다. 그 유혹을 거절했다는 이유로 요셉은 누명을 뒤집어썼습니다. 노예였던 그는 제대로 된 변명조차 할 수 없었겠지요. 사실관계를 바로잡을 기회조차 얻지 못하고 요셉은 왕의 신하를 가두는 옥에 갇혔습니다. 엎친 데 덮친다, 설상가상, 첩첩산중이란 말이 딱 어울리는 상황입니다.

당해보지 않았지만, 부당하고 불합리한 재판만큼 사람 속을 뒤집는 일도 없다고 생각합니다. 부당한 재판을 받았다면 마음이 억울하고 답답한 것은 물론 속에 천불이 날 것입니다. 밤잠을 자지 못하고 자다가도 벌떡벌떡 깨기도 할 것입니다. 지금도 간혹 재심을 청구하시는 분들이 계십니다. 오랜 시간이 지나서라도 사실관계를 바로잡아야 억울한 마음이 해소되기 때문이 아닐까 짐작해 봅니다. 그 정도로 억울한 재판이 사람 속을 응어리지게 만들고 뒤집어 놓는다는 뜻이겠지요. 요셉이 겪었던 일이 정확하게 그와 같을 것입니다.

만약 요셉이 원망과 절망, 분노로 마음을 채웠다면, 과거에 겪었던 아픔과 배신, 분노에 묶여 있었다면 어떻게 됐을까요? 요셉은 한 발자국도 앞으로 나아가지 못했을 것입니다. 그가 경험한 남다른 아픔과 상처, 억울하고 원통한 마음이 뒤섞여 자기 자신을 파괴하고 집어삼켰을 것입니다. 평소엔 괜찮아 보이겠지만, 약간의 문제만 생겨도 불같이 화를 냈을 것이고 끓어오르는 분노를 주체하지 못했을 것입니다. 불평불만과 원망의 말, 부정적인 생각과 말을 끝없이 쏟아냈을지도 모를 일입니다. 만약 그랬다면 그는 좋은 사람이 될 수 없었고, 좋은 삶을 살 수도 없었으며, 당연히 좋은 일꾼도 되지 못했을 것입니다.

요셉은 노예가 되어 보디발의 집에서 몸이 부수어지도록 일할 때도, 억울한 누명을 뒤집어쓴 채 옥에 갇혔을 때도 과거의 얽매이지 않았습니다. 억울하고 답답한 마음에 묶여 쩔쩔매는 삶을 살지 않았습니다. 그는 과거의 아픔과 상처가 발목을 잡지 못하게 했습니다. 그는 과거의 일은 과거의 일로 묻어두고 앞으로 한 걸음씩 나가는 삶을 살았습니다. 그 상처와 그 아픔에 매여 지금 해야 할 일을 제대로 하지 못하고 불평과 불만과 원망에 사로잡힌 채 삶을 허비하거나 낭비하지 않았습니다.

여전히 상처는 상처였고, 누명은 누명이었습니다. 아프고 힘들고 괴로웠을 것이 분명합니다. 그러나 요셉은 앞으로 나가는 삶을 선택했습니다. 그는 지금 자기가 살아가야 할 삶을 충실하게 살아내려고 애쓰고 노력했습니다. 십 대 청소년기와 20대 청년에 불과했던 요셉이 어떻게 그럴 수 있었는지 신기하고 놀라울 따름입니다. 어떤 일이 일어나는 것은 선택할 수 없지만, 태도는 선택할 수 있다는 말이 있습니다. 요셉은 자기에게 일어난 일을 지울 수 없었고 도려낼 수도 없었습니다. 그런 일이 일어나지 않게 막을 능력도 없었습니다. 그 상황에서도 요셉이 할 수 있었던 일이 있었습니다. 그것은 하나님을 신뢰하면서 올바른 태도를 선택하는 것이었습니다. 이 점에서는 우리도 요셉과 조금도 다르지 않을 것입니다.

우리는 모두 아픔이 있고, 상처가 있습니다. 살아가다 보면 그런 일을 피할 수 없습니다. 요셉은 상처와 아픔, 배신과 고통 속에서도 하나님을 신뢰하면서 바른 태도를 선택했고, 앞으로 나아가는 삶을 살았습니다. 우리도 다르지 않을 것입니다. 살아오면서 경험한 아픔과 고통을 곱씹으면서 분노하고 복수심을 불태우는 것은 우리 삶을 옭아맬 뿐 아니라 좀먹듯 갉아먹습니다. 어제의 일로 불평불만을 쏟아내고 원망하고 절망하며 살아간다면 오늘의 삶을 제대로 살 수 없습니다. 과거에 일어난 일에 나를 칭칭 묶어둔다면 앞으로 나아가는 삶이 아니라 과거에 묶인 삶을 살 수밖에 없는 법이지요. 어려운 일이지만, 지나간 것은 지나간 대로 두고 하나님을 신뢰하면서 앞으로 나아가는 태도를 훈련하고 연습해야 합니다. 그때 우리도 요셉처럼 좋은 삶을 사는 좋은 사람이 될 것이며, 요셉처럼 좋은 일꾼, 탁월한 일꾼으로 성장하고 성숙할 것입니다.

사람을 얻는 힘: 믿음직한 일꾼이 되는 법

보디발은 바로의 친위 대장이었습니다. 높은 지위에 있던 사람이었습니다. 학식과 지식이 있었으며, 사람을 볼 줄 아는 안목도 갖춘 사람이었을 겁니다. 요셉은 그 보디발의 마음을 사로잡았습니다. 한두 번 일을 잘

한 것이 아니었다는 말입니다. 처음 한두 번 일을 잘하다가 사라지는 사람이 있습니다. 반대로 지켜보고 경험할수록 진국인 사람도 있습니다. 보디발이 얼마나 요셉을 지켜보았을지는 알 수는 없지만, 한두 번은 아니었을 것입니다. 어느 순간 요셉이 눈에 들어왔고, 그 후로 주목해서 보았을 것입니다. 지켜볼수록 요셉은 자기가 맡은 일에 성실했고 신실했습니다. 일꾼 요셉이 진국이라는 것을 보디발은 알아챘습니다.

누군가에게 중요한 일을 맡기려면 그 사람의 됨됨이는 물론 그 일을 할 수 있는 능력을 갖추었는지 살펴보는 법입니다. 우리나라에서도 나라의 일꾼을 세우려 할 때면 수시로 청문회를 열어 공직자의 자질을 심사합니다. 그 일을 할 만한 인격과 실력을 갖추었는지 검증한 후에 자리에 앉히기 위함일 것입니다. 과거 한두 번 성공했다거나 한두 번 신실했다고 사람을 좋게 평가하고, 중요한 자리를 덥석 맡길 수는 없습니다.

좋은 일꾼으로 인정받으려면 일관성이 있어야 합니다. 신뢰성도 필수입니다. 일관성이나 신뢰성은 하루아침에 얻을 수 없습니다. 일관성은 말 그대로 상당한 시간과 여러 가지 일들을 경험하고 지나면서 비로소 얻을 수 있는 결과입니다. 신뢰는 더 말할 것이 없습니다. 신뢰란 본디 오랜 시간을 두고 천천히 쌓을 수 있고 얻을 수 있습니다. 일관성이 있고 신뢰할 수 있는 사람이야말로 좋은 사람 좋은 일꾼이라고 할 것입니다.

요셉이 좋은 사람이요 좋은 일꾼이었다는 사실은 그가 오랜 시간 일관성을 증명하고 신뢰를 쌓았다는 뜻입니다. 이해하기 쉽게 바꾸자면, 출근 시간을 잘 지켰으며, 일하면서 요령을 피우지 않았다는 뜻입니다. 쉽고 편한 일만 골라서 하려는 얄밉고 약삭빠른 태도가 없었다는 말입니다. 추측하건대 동료들과도 좋은 관계를 맺고 동료들에게도 인정받았을 것이 틀림이 없습니다. 그는 정직하고 성실했으며 신실한 일꾼이었을 겁니다. 게다가 창세기 기자가 알려주듯이 요셉이 하는 일마다 결과도 훌륭했습니다(창세기 기자는 하나님이 요셉과 함께하셨다는 말로 이 사실을 표현합니다. 창 39:2~3 참고). 보디발이 이스라엘 출신 노예였던 요셉에게 자기 집안의 모든 일과 가진 것을 다 맡겨서 관리하게 한 이유가 분명했다는 뜻입니다. 요셉의 됨됨이는 그 이후에 더욱 분명하게 나타났습니다.

높은 자리에 앉거나 성공을 거두고 나면 변하는 사람이 있습니다. 우리는 그런 사람을 가리켜 변질했다고 말합니다. 그런 사람을 보면 그 자리에 오르기까지 자신을 감추고 있었다가 드디어 본성이 드러난 것인지, 아니면 서서히 변한 것인지 궁금합니다. 요셉은 어땠을까요? 5절 말씀을 읽어보겠습니다.

요셉이 가정 재무를 담당하면서부터 보디발의 집안은 더 탄탄해졌다는 말입니다. 창세기 기자는 하나님께서 요셉 때문에 보디발의 집안에 복을 내리셨다고 기록해 놓았습니다. 이 말씀을 오해해서는 안 됩니다. 행간을 읽어내야 합니다. 요셉이 아무것도 하지 않고, 부정을 저지르거나, 게으르게 지냈지만, 하나님께서 일방적으로 은혜를 주셨다고 해석해서는 안 됩니다. 요셉이 맡은 책임에 성실했고, 자기가 해야 할 일에 성실했으며, 충성스러웠으며, 그렇게 일하는 요셉에게 하나님께서 은혜를 베풀어 주셨다고 읽어내야 합니다.

요셉이 가정 총무가 된 이후로 더 성실하고 신실하게 일했고, 일도 굉장히 잘했다는 뜻입니다. 높은 자리에 올라갔지만, 변질하기는커녕 이전보다 오히려 더욱 성실했고 신실했다는 뜻입니다. 요셉은 어느 자리에서든지 언제든지 변함이 없었습니다. 마치 그 자리를 위해 준비된 사람이라고 불러도 좋을 정도입니다. 지켜보고 따져볼수록 요셉은 좋은 사람이었고, 탁월한 일꾼이었다는 것을 알 수 있는 대목입니다.

우리 그리스도인은 일과 관련해서는 성실하고 신실한 사람이어야 합니다. 일관성 있는 사람이어야 하고, 신뢰할 수 있는 사람이어야 합니다. 성실과 신실함, 일관성은 하루아침에 만들 수 없다는 것을 우리는 알고 있습니다. 하루하루 일상에서 우리가 해야 할 일상의 일들에 성실하고 신실할 때 일관성 있는 사람으로 성장하는 법입니다. 해야 할 일이 무엇인지 정확하게 알고 그 일에 최선을 다합시다. 할 수 있는 일이 무엇인지 생각하고 적극적인 태도로 일하며 살아갑시다. 약삭빠르게 자기 잇속만 먼저 챙기려는 태도가 아니라 솔선수범하는 태도로 직장 동료들과 마음을 나누며 살아갑시다. 그때 우리는 성실하고 신실한 일꾼일 될 것입니다. 누구라도 인정할 수밖에 없는 좋은 일꾼이 될 것입니다.

어떻게 그럴 수 있었을까?: 절망 속에서 하나님을 선택한 이유

요셉이 좋은 일꾼, 인정받는 일꾼이 될 수 있었던 결정적인 이유는 따로 있습니다. 하나님을 향한 신앙입니다. 사실 요셉이 하나님을 가까이하고 하나님을 신뢰하기가 쉬웠던 것은 아닙니다. 형들이 자기를 팔아먹어 이집트에 노예로 끌려왔습니다. 하나님이 나와 함께하시고 나를 사랑하신다고 믿고 말하기가 몹시 어려웠을 것입니다. 보디발의 인정을 받아 가정 총무가 되고 비로소 삶이 좀 풀리나 싶을 때였습니다. 보디발의 아내의 유혹을 뿌리쳤다는 이유로 요셉은 억울한 누명을 쓰고 왕의 죄수를 가두는 곳에 갇혔습니다. 숨이 턱 막히지 않습니까? 그런 상황에서 하나님을 신앙하고 신뢰하기란 굉장한 도전, 어쩌면 불가능한 일이라고 말해도 지나치지 않을 것입니다.

이 모든 상황에서 보여준 요셉의 태도와 신앙 고백은 그가 하나님을 얼마나 의식하고 의지하며 살았는지 보여줍니다. 보디발의 아내가 유혹할 때 요셉은 하나님 앞에 죄를 지을 수 없다고 고백했습니다. 일상에서 하나님을 의지하고 의식하며 가까이했다는 것을 알 수 있는 대목입니다. 사무엘상 2:30 말씀과 야고보서 4:8 말씀은 일꾼 요셉의 삶을 이해하게 도와줍니다. 함께 읽어보겠습니다.

나를 존귀하게 여기는 자를 내가 존귀하게 여기고,

나를 무시하는 자를 내가 멸시할 것이다. (사무엘상 2:30, 바른 성경)

하나님께로 가까이 가십시오.

하나님께서는 하나님을 존중하는 자를 존중하겠다고 말씀하셨습니다. 하나님께로 가까이하는 사람을 하나님께서도 가까이하실 것이라고 말씀하셨습니다. 노예로 끌려오고, 말과 문화가 다른 곳에서 노예로 살아가고, 그것도 부족해 누명을 쓰고 옥에 갇혔을 때조차 요셉은 하나님을 가까이했습니다. 요셉의 삶을 보면서 도대체 어떻게 그럴 수 있었을까? 질문이 생기는 것은 당연한 일입니다. 요셉이 그만큼 하나님과 인격적인 관계를 깊이 맺고 있었기 때문이 아닐까 싶습니다. 보디발의 아내에게 했던 말을 들어보면 평소 요셉이 하나님을 아주 가깝게 의식하는 삶을 살고 있었다는 사실을 알 수 있습니다.

다른 해석도 가능합니다. 노예로 끌려오고, 노예로 지내면서 요셉이 할 수 있었던 유일한 일이 하나님을 찾고 구하는 일이었을지도 모를 일입니다. 달리 다른 방법이 없고 할 수 있는 일이 없어서 하나님의 품을 파고들었을 수도 있습니다. 2차 세계대전 당시 수를 셀 수 없을 정도로 많은 유대인이 너무나 비참하게 유린당했고 학살당했습니다. 말로 담아내기 어려울 정도로 비참한 포로수용소에서 인간 이하의 대우를 받았던 수많은 사람이 '신은 죽었다'라고 말했습니다. 그런 처참한 상황을 보면서 신이 살아 있다고 말할 수 없었기 때문이겠지요. 놀랍게도 똑같은 시간과 장소에서 어떤 사람은 어떻게 이런 상황에서 하나님을 찾고 가까이하지 않을 수 있는지 반문했습니다. 상황이 지옥 같아서 오히려 더욱 힘써 하나님을 찾고 구하고 의지할 수밖에 없었다는 뜻입니다.

요셉은 어땠을까요? 의지적으로 의식적으로 하나님을 찾고 가까이했을 수 있습니다. 보디발의 아내에게 했던 말을 보면 충분히 상상할 수 있는 대목입니다. 말씀드린 것처럼 어쩌면 할 수 있는 것이 하나도 없어서 하나님 바짓가랑이를 잡고 늘어지고 하나님의 품을 파고들었을 수도 있습니다. 어느 쪽이든지 상관없습니다. 하나님을 의식하고, 하나님을 의지하며, 하나님의 품을 파고들었다는 것, 어떤 방식으로든지 하나님을 가까이했다는 것이 중요합니다. 하나님은 하나님을 존중하고 가까이하는 사람을 존중하시고 가까이하십니다. 정말로 그렇습니다. 창세기 39장에서 반복해서 나오는 말이 있습니다. 여호와께서 요셉과 함께하셨다는 말씀입니다(2, 3, 21절). 하나님께서 일방적으로 요셉과 함께하셨다고 볼 수도 있겠지만, 요셉이 하나님을 가까이했던 결과로 보아도 좋을 것입니다.

일상의 모든 순간이 예배가 될 때: 요셉의 탁월함에 담긴 영적 비밀

여기서 우리가 한 가지 생각해야 할 것이 있습니다. 요셉이 하나님을 존중하고 가까이했던 방법은 무엇이었을까요? 요셉은 아버지 야곱의 집이 아니라 이집트에 있었고 보디발의 노예였습니다. 그들은 우상을 섬기던 사람이었지요. 노예였던 요셉이 그곳에서 안식일을 구별해서 지킬 수는 없었을 것입니다. 따로 시간과 장소를 떼서 하나님을 예배하는 일 역시 불가능합니다. 보디발이 자기 집에서 우상을 섬기거나 제사할 때도 있었을 것입니다. 그때 그 자리에서 보디발을 섬겨야 하는 일이 없었다고 말하기도 어렵습니다. 그렇다면 도대체 요셉은 어떻게 하나님을 가까이했을까요?

요셉은 그가 아버지 야곱의 집에 있을 때와 똑같은 방식으로 하나님께 제사드릴 수 없었을 겁니다. 바로 이 이유로 요셉은 그의 일상이었던 일터에서 하나님을 더 많이 더 자주 더 깊이 생각했을 것입니다. 만약 그렇다면 요셉에게 일과 일터는 그야말로 하나님을 섬기고 예배하는 최선의 시간이자 장소였을 것입니다. 만약 그렇다면 요셉에게 일은, 그것도 노예로 살아가면서 했을 험하고 거친 일은 하나님을 찾고 예배하는 현장이었고, 요셉은 자기 일로 하나님을 예배하고 일상에서 하나님을 섬기는 삶을 살아낸 예배자였다고 말해도 좋을 것입니다.

그렇습니다. 요셉은 자기 일로 하나님을 예배하는 예배자이자 일꾼이었습니다. 자기가 해야 할 일, 할 수 있는 일로 하나님을 가까이하는 사람이었습니다. 하나님을 가까이하는 예배자였기 때문에 그는 과거에 얽매일 수 없었습니다. 그의 아픔과 상처가 가볍다는 뜻이 아닙니다. 도무지 이해할 수 없는 일이었지만, 이해할 수 없어서 더욱 하나님께 맡겨드리고 하나님을 가까이하면서 주어진 삶을 충실히 살았다는 뜻입니다. 요셉이 일상에서 하나님을 가까이했고, 자기 일로 하나님을 예배하는 사람이었기에 그는 성실하고 신실한 일꾼이 되었습니다.

우리도 다르지 않을 것입니다. 일꾼 하나님의 형상을 따라 지음을 받은 우리는 일꾼일 수밖에 없습니다. 우리 그리스도인이 던져야 할 올바른 질문은 어떻게 하면 놀고먹을까, 어떻게 하면 적게 일할까가 아니라 어떤 일꾼이 되어야 할까입니다. 우리가 어떤 일꾼이 되어야 할지 요셉을 통해 배웠습니다. 하나님을 가까이하고, 하나님을 신앙하고 신뢰할 때 우리는 과거에 묶이지 않고 앞으로 나가는 일꾼, 살아가야 할 삶을 살아내는 일꾼이 될 것입니다. 일상의 일과 직장과 가정과 학교에서 내가 하는 일로 하나님을 예배할 때 우리는 성실하고 신실한 일꾼, 좋은 일꾼, 탁월한 일꾼으로 변할 것입니다. 요셉처럼 말입니다.

더 깊은 묵상을 위한 나눔 질문

1. 살면서 겪은 억울함, 배신, 실패 등의 아픔이 지금 당신의 일하는 열정, 성실함, 또는 대인 관계에 부정적인 영향을 주고 있지는 않습니까? 만약 있다면, 그 '과거의 짐'을 잠시 내려놓고 '현재의 일'에 집중하기 위해 하나님께 구체적으로 도움을 구해야 할 부분은 무엇이라고 생각하십니까?

2. 당신의 일터(직장, 가정, 모임 등)에서 다른 사람들이 당신을 '믿고 중요한 일'을 맡길 수 있는 사람이라고 생각하게 만드는 가장 중요한 장점은 무엇입니까? 반대로, 당신의 '일관성'을 떨어뜨리고 신뢰를 해칠 수 있는 자주 반복되는 약점이 있다면 무엇이며, 이를 개선하기 위해 어떤 작은 습관을 만들어 볼 수 있을지 생각해 보고 나누어 보고 실천해 봅시다.

3. 당신의 가장 평범하고 반복적인 일(예: 문서 작성, 식사 준비, 운전, 고객 응대 등)을 하면서 하나님을 가까이한다는 것을 어떻게 실천할 수 있을까요?(예: 일 시작 전 짧은 기도, 일하는 중간중간 감사하기, 동료를 섬기기) 당신에게 '일이 곧 예배가 되는 순간'은 언제이며, 그 경험을 더 자주 누리려면 무엇이 필요할까요?

4. 당신의 직업이나 역할에서 '하나님께 받은 재능과 성실함'을 결합하여 다른 사람과 차별화되는 '탁월함'을 보여주고 싶은 영역은 무엇입니까? 그 탁월함이 단순한 능력 자랑이 아니라, 하나님의 성품(선함, 창의성, 공정함)을 드러내는 통로가 되려면, 당신은 어떤 마음가짐으로 그 일에 임해야 할까요?

7장

다니엘의 흔들리지 않는 신앙: 신념과 타협의 경계에서

유다의 여호야김 왕이 왕위에 오른 지 삼 년이 되는 해에, 바빌로니아의 느부갓네살 왕이 예루살렘으로 쳐들어와서 성을 포위하였다.

주님께서 유다의 여호야김 왕과 하나님의 성전 기물 가운데서 일부를 느부갓네살의 손에 넘겨 주셨다. 그는 그것들을 바빌로니아 땅, 자기가 섬기는 신의 신전으로 가지고 가서 그 신의 보물 창고에 넣어 두었다.

그 때에 왕은 아스부나스 환관장에게 명령하여, 이스라엘 백성, 특히 왕과 귀족의 자손 가운데서,

몸에 흠이 없고, 용모가 잘생기고, 모든 일을 지혜롭게 처리할 수 있으며, 지식이 있고, 통찰력이 있고, 왕궁에서 왕을 모실 능력이 있는 소년들을 데려오게 하여서, 그들에게 바빌로니아의 언어와 문학을 가르치게 하였다.

또한 왕은 왕궁에서 날마다 일정한 양을 정해서 음식과 포도주를 그들에게 공급하도록 해주면서, 삼 년 동안 교육시킨 뒤에, 왕을 모시도록 하였다.

그들 가운데는 유다 사람인 다니엘과 하나냐와 미사엘과 아사랴가 있었다.

환관장이 그들에게 이름을 새로 지어 주었는데, 다니엘은 벨드사살이라고 하고, 하나냐는 사드락이라고 하고, 미사엘은 메삭이라고 하고, 아사랴는 아벳느고라고 하였다.

다니엘 1:1-7, 새번역

"하고 싶은 일을 해라."

　청년들과 진로나 미래와 관련해서 이야기할 때마다 입버릇처럼 하는 말입니다. 언제부턴가 우리나라 대한민국은 청년들이 직장 구하기가 몹시 어려운 나라가 되었습니다. 직장을 구하는 것도 문제지만, 어렵게 구한 직장에 정착하는 것도 문제입니다. 우리가 살아가는 사회 중심에 소비문화와 자본주의라는 거대한 시대정신이 자리 잡고 있기 때문입니다. 앞서도 말씀드렸지만, 과거에는 '평생직장'이란 말과 개념이 있었습니다. 한때 미덕처럼 여겼던 단어였지만, 지금은 옛말이 되었고 죽은 단어가 되었습니다.

　이 시대를 살아가는 청년의 머릿속에는 평생직장이란 개념 자체가 없다고 말해도 좋을 것 같습니다. 취직하고 2~3년이 지나면 자연스럽게 이직을 선택합니다. 왜일까요? 더 높은 연봉, 더 나은 근무조건, 더 나은 복지 혜택, 더 나은 장래성 등 여러 가지 이유가 있을 겁니다. 이직 자체가 잘못됐다는 뜻은 아닙니다. 이직은 여러 선택할 수 있는 일 중 하나여서 얼마든지 이직을 선택할 수도 있고, 한곳에 오래 남을 수도 있습니다. 문제는 이직해도 그리 오래 지나지 않아 만족감이 사라진다는 데 있습니다. 이직하고 몇 년이 지나면 다시 더 나은 조건의 회사를 찾아봅니다. 지금 일하는 곳에 뿌리를 내리거나 오래도록 머물면서 일하겠다는 생각은 좀처럼 하지 않는 것처럼 보입니다. 애초에 직장을 구할 때부터 그곳을 디딤돌로 생각하는 것이 아닌가 싶습니다.

　이런 사회적 현상이 일어나는 데는 여러 가지 이유가 있을 것입니다. 앞

　　　　　　　　　　　　　　　　　　　월요일의 예배자

서 말씀드린 소비주의와 자본주의 가치도 크게 한몫을 할 것입니다. 불확실한 미래에 대한 두려움도 작용할 것입니다. 여러 가지 이유 중에서 부인하기 어려운 한 가지 확실한 이유는 지금 근무하는 직장과 그 일에 만족하지 못한다는 점입니다. 어쩌면 세상이 나를 알아보지 못한다고 생각하는 사람도 있을 테고, 내가 여기서 썩을 사람이 아니라고 생각하면서 호시탐탐 기회를 엿보는 사람도 적지 않을 것입니다. 죄송하게 청년들을 예로 들었지만, 청년들에게만 해당하는 일은 아닙니다. 이 현상은 '이 땅의 수많은 직장인이 원하지 않는 곳에서, 원하지 않는 일을 하면서 살아가는 것처럼 보인다.'라는 한 문장으로 정리할 수 있을 듯합니다.

우리가 맞닥뜨리고 있는 사회 문제는 미(未)그리스도인의 문제만은 아닙니다. 당연히 그 안에는 상당수의 그리스도인이 포함되어 있습니다. 우리가 살아가는 세상 풍경이 이러하므로 우리 그리스도인도 어쩔 수 없다고 생각해야 할까요? 우리 사는 시대의 정신과 가치, 흐름에 몸을 맡기고 순응해야 하는 걸까요? 그리스도인마저도 소비문화와 자본주의의 가치에 올라타고 똑같은 가치관과 기준을 바탕으로 살아가도 되는 걸까요? 조금 더 직선적인 질문을 던져보는 것도 나쁘지 않을 것 같습니다. 우리 그리스도인도 일에 만족하지 못한 채 부초처럼 여기저기 기웃거리며 살아가야 하는 걸까요? 호기롭게 자리를 박차고 나와야 하는 걸까요? 달리 뾰족한 방법이 없고 길이 보이지 않으니 이를 악물고서라도 버티는 것이 해답일까요?

이 무겁고 어려운 질문에 관해 삶으로 훌륭한 대답을 보여준 사람이 있습니다. 바로 다니엘입니다. 우리가 던질 수밖에 없는 일과 관련한 여러 질문에 관해 다니엘이 들려주는 대답을 찾아보겠습니다. 말씀을 통해 우리가 살아가는 세상과 우리가 하는 일을 어떻게 생각하고 바라보아야 할지 살펴보고, 어떤 마음과 태도로 살아가는 일꾼이 되어야 할지 다니엘의 삶을 추적하면서 그 대답을 살펴보겠습니다.

시대의 소용돌이에 던져진 엘리트: 다니엘의 삶은 어떻게 시작되었나?

먼저 다니엘을 간략하게 살펴보겠습니다. 다니엘이란 이름의 뜻은 "하나님은 나의 재판관"입니다. 이름만 보아도 다니엘의 집안과 그의 성장 배경이 어떠했을지 짐작할 수 있습니다. 그는 문벌 좋은 가문에서 태어났고 바른 신앙교육을 받으며 자랐습니다. 흔히 하는 말로 다니엘은 엘리트 가문에서 태어난 엘리트였습니다. 문제는 그가 태어난 시대입니다. 다니엘은 바빌로니아가 아시리아 제국을 집어삼켰고, 바빌로니아와 애굽이 패권을 차지하기 위해 다투던 역사의 격동기에 태어났습니다. 약소국이었던 남 유다는 바빌로니아와 애굽이라는 거대한 고래 사이에 끼여 이리 치이고 저리 치이면서 등 터져나가는 새우 같았습니다. 다니엘 1:1 말씀에 그 정황을 기록해 놓았습니다.

> *유다의 여호야김 왕이 왕위에 오른 지 삼 년이 되는 해에,*
> *바빌로니아의 느부갓네살 왕이 예루살렘으로 쳐들어와서*
> *성을 포위하였다. (다니엘 1:1, 새번역)*

바빌로니아의 첫 번째 공격은 기원전 605년경에 일어났습니다. 바빌로니아의 압도적인 군사력 앞에 여호야김 왕은 항복을 선언했습니다. 이때 바빌로니아의 느부갓네살은 예루살렘의 인재를 포로로 잡아 바빌로니아로 끌고 갔습니다. 그때 포로로 끌려간 사람 중에 다니엘이 있었습니다. 느부갓네살이 포로를 끌고 간 것은 전리품의 측면도 있겠지만, 그보다는 바빌로니아의 정책 때문이라고 해야 정확할 것입니다. 속국 민족을 뒤섞어 놓았던 아시리아 제국의 정책과는 달리 바빌로니아는 속국의 인재를 끌고 가서 자기 나라의 문화와 학문과 풍습을 가르쳐 인재로 등용하는 정책을 펼쳤습니다. 그 정책을 통해 세금을 보다 정확하고 많이 거둘 수 있다고 판단했기 때문이 아닐까 싶습니다. 다니엘과 그의 친구들이 포로로 끌려간 이유입니다. 이 사실은 다니엘이 바빌로니아 사람이 보기에도 눈에 띄는 인재였다는 것을 알려줍니다.

원하지 않는 삶을 사는 사람들: 십 대 다니엘의 참혹한 현실

포로로 끌려간 다니엘의 삶은 어땠을까요? 말씀드린 것처럼 좋은 가문에서 나고 자란 다니엘은 바빌로니아의 인재 발굴 프로젝트에 포함되었습니다. 이 사실을 생각하면 비록 포로였지만 그의 생활환경이 무조건 나빴다고 말할 수는 없을 것 같습니다. 다니엘서 1장을 통해 알 수 있듯이 그는 왕실에서 제공하는 곳에서, 왕실에서 제공하는 음식을 받으며, 약 3년간 바빌로니아의 언어와 문화와 문학과 학문을 배우며 지냈습니다. 2~3차 포로로 끌려온 사람들과 비교하면 꽤 괜찮은 환경이었다고 생각할 수 있습니다. 그렇다고 다니엘의 삶이 무척 만족스럽다거나 무척 좋았다고 생각하거나 말해서는 안 됩니다.

2차 혹은 3차 포로로 끌려온 다른 사람과 비교해 더 나았을 수도 있지만, 어떤 면에서는 더 혹독했다고 말해도 지나치지 않습니다. 왕실의 특혜를 받았지만, 편안한 삶은 아니었습니다. 그는 바빌로니아 언어와 학문을 배워야 했습니다. 배우고 싶어서 배운 것이 아니라 강요였고 강제였습니다. 게다가 각국에서 포로로 잡혀 온 사람들과 무한 경쟁 속으로 내몰려야 했습니다. 만약 경쟁에서 밀린다면 쓸모없는 자원으로 분류될 것입니다. 포로로 끌려온 자가 쓸모없는 자원으로 분류된다는 것은 치명적입니다. 언제든지 얼마든지 폐기될 수 있습니다. 폐기물 취급까지는 아니라고 해도 얼마든지 비참한 환경으로 떨어질 수 있습니다. 비록 왕실에서 제공하는 편의를 누렸다고는 하지만, 아니 왕실에서 제공하는 편의를 누렸기 때문에 더더욱 다니엘은 하루하루는 피 말리는 상황에 있었다고 말해도 좋을 것입니다.

다니엘이 겪을 수밖에 없었던 충격적인 사실이 하나 더 남았습니다. 포로가 되어 바빌로니아 왕실로 끌려간 사람은 일반적으로 거세당했습니다. 복잡한 문제를 만들지 않겠다는 바빌로니아의 정책이 아니었나 추측할 수 있습니다. 만약 그렇다면 바빌로니아 왕궁으로 끌려간 다니엘 역시 거세당했을 것입니다. 이제 십 대에 이른 다니엘이 환관이 되었다는 뜻입니다. 그를 관장한 사람이 환관이었다는 점에서 볼 때 상당히 합리적인 추론으로 볼 수 있습니다.

그때 다니엘은 십 대였습니다. 지금 십 대 청소년처럼 다니엘도 푸른 꿈이 있었을 겁니다. 당연히 하고 싶었던 일도 있었겠지요. 살고 싶은 집과 살고 싶은 도시가 있었을 테고, 예쁜 아내를 맞아 결혼하고 아이를 낳아

 월요일의 예배자

기르는 단란한 가정을 꿈꾸었을 것입니다. 혼담이 오가는 처자가 있었을 수도 있고, 맘에 둔 사람이 있었을 가능성도 다분합니다. 그것이 지나칠 정도로 과한 욕심일까요? 아닙니다. 지극히 일상적이고 평범한 꿈이라고 해야 정확할 것입니다. 다니엘의 그 평범한 꿈이 하루아침에 산산이 조각 났습니다. 그는 나라가 기울어 가는 것을 보았고, 사람이 죽어 나가는 것을 보았으며, 자신은 포로로 끌려왔습니다. 그곳에서 다니엘은 거세당해 환관이 되었고, 다시는 조국과 고향 땅으로 돌아가지 못할 것입니다. 십 대 청소년이 이런 상황으로 내몰린다면 좋은 사람, 좋은 일꾼이 되기란 불 가능에 가깝다고 해도 지나치지 않을 것입니다.

돌아갈 수 없는 고향: 모든 것을 잃은 자의 절망과 선택

기록을 통해 알 수 있듯이 다니엘은 바빌로니아의 포로가 되어 평생을 바빌로니아에서 살았습니다. 시간이 흘러 페르시아가 바빌로니아를 삼 켰을 때도 그의 삶은 크게 달라지지 않았습니다. 페르시아 황제 고레스가 칙령을 내려 유대인들에게 고국으로 돌아가도 좋다고 선포했습니다. 성 경에 포로 귀환 공동체 명단이 기록되어 있는데 거기에 다니엘의 이름이 없습니다. 이상하지 않습니까? 가장 먼저 돌아갈 사람이 다니엘 같은데, 다니엘은 돌아가지 않은 겁니다. 왜 그랬을까요? 다니엘이 나이가 많아서 고국으로 돌아가는 길고 험한 여정에 오를 수 없었기 때문일까요? 그럴 수 있습니다. 그 길과 여정이 험했을 테니까요. 거의 90줄 노인이었던 다 니엘에게 그 멀고 험한 여정은 엄두가 나지 않았을 것 같습니다. 그보다 더 분명한 이유가 있습니다. 신명기 23:1 말씀입니다.

바빌로니아에 포로로 끌려온 지 얼마 지나지 않아 다니엘은 거세당했을 것입니다. 환관이 된 것입니다. 고국으로 돌아간다고 해도 율법에 따르면 그는 여호와의 총회 회원이 될 수 없습니다. 고국에 돌아간다고 해도 아무런 의미가 없을뿐더러 더욱 고통스러웠을 것이 분명합니다. 다니엘이 귀환하지 않은 결정적인 이유가 아닐까 짐작합니다. 게다가 그는 페르시아에서도 고위 공직에 올라 페르시아 황제를 섬겨야 했습니다. 돌아가고 싶어도 돌아올 수 없는 처지였습니다. 한마디로 말해 다니엘은 일평생 원하지 않는 곳에서, 원하지 않는 일을 하며, 원하지 않는 사람을 섬겨야 했습니다. 많은 부모가 자녀를 위해 기도하면서 다니엘과 같은 사람이 되게 해달라고 기도합니다. 다니엘이 어떤 삶을 살았는지 조금만 관심을 가지고 성경을 읽는다면 절대로 할 수 없는 기도가 아닐까 싶습니다.

고위 공직에 올랐지만, 아무리 생각해봐도 다니엘이 성공적인 삶을 살았다고 말하기는 어렵습니다. 오히려 일평생 비참한 삶을 살았으며, 꼬일 대로 꼬인 삶이었다고 말해도 지나치지 않아 보입니다. 길게 돌아왔지만, 우리가 주목하고 싶은 것은 따로 있습니다. 일과 관련해서 다니엘이 보여준 마음과 태도입니다. 그처럼 불행한 상황에서 다니엘은 자기에게 맡겨진 일을 해야 했습니다. 어느 것 하나 원했던 것이 없었던 곳에서 다니엘은 어떤 마음과 태도로 일했을까요? 원하지 않는 곳에서 원하지 않는 일을 하며 원하지 않는 사람을 섬겨야 했던 다니엘은 무슨 마음을 품고 무슨 생각을 하며 살았을까요? 다니엘은 자기 삶을 어떻게 이해했고, 자기

　　　　　　　　　　　　　　　　　　　　월요일의 예배자

가 종사하는 일을 어떤 마음과 시선으로 바라보았을까요? 그는 어떤 일꾼이었을까요? 그 기막힌 대답을 찾아보겠습니다.

탁월함이 기회를 만든다: 바빌로니아에서 꽃을 피운 다니엘의 역설

잘 아는 것처럼 다니엘은 황무지 같은 곳에서 입을 다물 수 없을 만큼 놀라운 삶을 살아낸 사람입니다. 먼저 다니엘은 바빌로니아가 원했던 뛰어난 자원이 되었습니다. 성경은 다니엘과 그의 친구들이 다른 경쟁자들보다 10배나 더 뛰어난 재능을 가졌다고 말합니다. 열 배라는 말을 차원이 다르다는 말로 보면 이해가 빠를 것입니다.

흔히 하는 말로 클래스가 달랐다고 보시면 됩니다. 다니엘이 10배나 뛰어난 사람, 클래스가 다른 사람이 되었다는 말을 성급하게 읽거나 무미건조하게 읽고 넘어가서는 안 됩니다. 반복해서 말씀드리지만, 성경을 읽을 때는 행간을 읽고 상상력을 발휘해야 합니다. 아무것도 하지 않고, 게으름을 피우며 대충 시간을 보냈는데 하나님이 바빌로니아의 언어와 모든 학문과 지식을 깨닫게 하셨다고 생각해서는 안 됩니다. 다니엘의 클래스가 달랐다는 것은 다니엘이 그만큼 열심히 최선을 다해 바빌로니아의 문화와 학문과 언어를 배우고 익혔다는 말입니다.

다르게 표현하자면 다니엘은 그가 살아가는 곳에서 깊이 뿌리내리며 정착했다는 뜻입니다. 그는 자기가 살아가는 곳의 일원이 되었고, 성실하게 일하면서 주변 사람들에게 선한 영향력을 끼쳤습니다. 느부갓네살이 꿈을 꾼 후 바빌로니아의 지혜자를 다 죽이려 할 때였습니다. 다니엘은 느부갓네살의 꿈과 해석을 알려주어서 바빌로니아의 모든 지혜자를 살렸습니다. 자신과 경쟁 관계에 있던 사람의 생명을 건졌을 뿐 아니라 그들의 이웃과 친구가 되었습니다. 다니엘이 자신이 살아가는 곳에 깊이 뿌리내렸을 뿐 아니라 자기가 해야 할 일에 최선을 다하는 일꾼이었음을 보여주는 증거입니다.

이것이 전부가 아닙니다. 일에 있어서 다니엘은 그야말로 타의 추종을 불허할 정도로 뛰어나고 탁월한 일꾼이었습니다. 다니엘은 하나님께서 그에게 주신 지혜와 꿈과 환상을 해석하는 능력을 최대한 발휘했습니다. 능숙한 장인(Master)처럼 다니엘은 자신에게 맡겨진 업무에 있어서 얼마든지 신뢰할 수 있는 사람이었습니다. 느부갓네살은 다니엘을 왕궁의 지혜자로 삼았습니다. 느부갓네살은 어려운 일이 있을 때마다 다니엘을 찾았습니다(단 4:8). 다니엘이 대단한 실력자였고, 얼마든지 신뢰할 수 있는 일꾼이었다는 뜻입니다. 바빌로니아의 마지막 왕이었던 벨사살 왕도 위기의 순간에 끝내 다니엘을 찾았습니다. 다니엘이 그야말로 인정받는 일꾼이었다는 것이 드러나는 대목입니다.

나라가 바뀌어도 변함없는 사람: 다니엘의 진정한 경쟁력

다니엘이 어떤 일꾼이었는지 알려주는 결정적인 사건은 따로 있습니다. 페르시아가 바빌로니아를 집어삼켜서 국가가 바뀌었을 때였습니다. 이 지점에서도 우리는 상상의 나래를 활짝 펼쳐야 합니다. 동서고금을 막론하고 정권이 바뀌면 정부를 새롭게 조직합니다. 나라의 수장은 믿을만한 사람, 오래도록 알고 지내며 실력을 검증한 사람, 혹은 최측근으로 정부를 조직합니다. 생각해 보십시오. 정권만 바뀌어도 정부 조직을 개편하는데 만약 나라가 바뀌면 어떻게 될까요? 이전 국가와 지도자에게 충성했던 사람을 국가 요직에 앉힐 수 있을까요? 역사 속에서 그런 인물이 있었다는 말을 들어보신 적이 있습니까? 고대사회에서 이전 국가의 주요 정책을 맡았던 사람이라면 사형당하지 않으면 천만다행 아닐까요?

바빌로니아를 삼킨 페르시아의 다리오 왕은 120명의 지방 장관을 세우고, 그 위에 세 명의 총리를 세웠습니다. 놀랍게도 다니엘이 그 세 명 총리 중 한 명으로 발탁되었습니다. 게다가 다니엘은 세 명 총리 중에서도 으뜸이었습니다. 다리오 왕은 다니엘을 단순히 등용하는 데서 그치지 않고 온 나라를 다스리도록 맡길 생각이었습니다(단 6:3). 정권이 바뀐 것이 아니라 나라가 바뀌었지만, 다니엘은 바뀌지 않았습니다. 오히려 더 중요한 자리에 앉게 되었습니다.

도대체 어떻게 그럴 수 있었을까요? 아무리 살펴보아도 다니엘은 신실하게 정치하는 사람이었지, 속된 의미에서 노련하거나 약삭빠른 정치꾼이 아니었다는 뜻입니다. 다니엘이 탐욕이나 권력에 눈먼 사람이 아니라 청렴결백한 사람이었다는 말입니다. 무엇보다 다니엘이 당대에 찾아볼 수 없을 만큼, 타의 추종을 불허할 정도로 탁월한 일꾼이었기 때문일 것입니다. 그렇지 않고서 있을 수 없는 일입니다.

다시 말씀드리지만, 바빌로니아든 페르시아든 다니엘이 머물고 싶었던 나라는 아닙니다. 나라의 주인만 바뀌었을 뿐 장소가 달라진 것도 아닙니다. 게다가 느부갓네살과 벨사살은 물론 다리오 역시 다니엘이 섬기고 싶었던 사람이라고 할 수 없습니다. 제국의 총리가 되었다고 해서 그 일이 다니엘이 하고 싶었던 일이라고 말할 수도 없습니다. 이쯤 되면 때려치우고 싶은 마음이 들지 않겠습니까? 성실하고 신실하며 탁월하게 일하기는커녕 대충 일하지 않을까요? 정말 놀랍게도 다니엘은 원하지 않는 곳에서 원하지 않는 일을 하며 원하지 않는 사람을 섬기면서도 최선을 다했습니다. 그 상황에서도 다니엘은 클래스가 달랐고 탁월했습니다. 다니엘은 마치 그곳에서 그 일을 하기 위해 태어난 사람처럼 살았습니다.

우리 피부에 와닿게 각색하면 아마도 다음과 같을 것입니다. 사랑받는 십 대 자녀가 학교에서 집으로 돌아오던 어느 날 불량배들에게 납치되어 인신매매를 당했습니다. 이곳저곳 끌려다니다가 마지막으로 도착한 곳은 원양어선이었습니다. 그는 배에서 탈출할 수도 없고, 다시 돌아올 수도 없었습니다. 절망하고 좌절로 삶을 채워도 조금도 이상하지 않을 텐데 놀랍게도 그 청소년은 원양어선에서 정말 성실하고 열심히 일했습니다. 뱃일을 하나부터 열까지 열심히 배웠습니다. 얼마나 열심히 배웠던지 그 다른 누구보다 더 뛰어난 뱃사람이 되었습니다. 원양어선 생활을 받아들인 것은 말할 것이 없고, 나이가 들어가면서 그는 그 배에서 가장 뛰어난 어부가 되었습니다. 어느새 노인이 된 그는 그 배를 아끼고, 함께 일하는 사람과 좋은 관계를 맺었으며 그들에게 선한 영향을 끼쳤습니다. 심지어 자신을 끌고 온 사람을 가장 잘 섬기는 사람, 선장이 가장 신뢰하는 사람이 되었습니다. 게다가 집으로 돌아갈 기회가 있었지만, 그는 배에 남기로 했습니다.

'주께서'라는 고백: 절망을 넘어선 믿음의 비밀

말이나 되는 소리인가요? 너무나 당황스럽고 지나치게 비현실적이지 않습니까? 솔직히 소설을 쓴다고 해도 이런 식으로는 쓰면 안 되는 것 아니겠습니까? 이 말도 안 되는 삶을 살아낸 사람이 다니엘입니다. 질문이 생기지 않을 수가 없습니다. 도대체 다니엘은 어떻게 원하지 않는 곳에서 원하지 않는 일을 하고 원하지 않는 사람을 섬기면서 말도 안 되는 삶, 상상하기도 어려운 삶을 살 수 있었을까요? 어떻게 탁월한 일꾼이 되었을까요? 이 충격적인 삶의 비밀이 다니엘 1:2 말씀에 담겨 있습니다.

***주께서** 유다 왕 여호야김을 느부갓네살 왕에게*
포로로 넘겨주셨습니다.
그리고 하나님의 성전에 있던 기구 일부를
느부갓네살 왕의 손에 넘겨주셨습니다.
(다니엘 1:2, 우리말 성경)

'주께서'라는 이 한 단어를 주목해야 합니다. 다니엘은 자신이 처한 모든 상황이 하나님의 손에 있다는 사실을 신뢰했습니다. 나라가 바빌로니아에게 멸망한 것도, 그들이 포로로 끌려온 것도, 심지어 거세당해 꿈마저 산산조각이 난 것도, 말로 다 표현하기 힘든 무한 경쟁 속으로 내팽개쳐진 일마저도 하나님 없이, 하나님 모르게, 하나님과 상관없이 일어난 일이 아니라고 고백했습니다. 원하는 장소도 아니었고 원하는 일도 아니었지만, 다니엘은 그 모든 일이 하나님께서 허락하셨기 때문에 일어났다고 믿었습니다. 한마디로 말해 다니엘은 그 말도 안 되는 상황 속에서도 하나님을 신뢰했습니다.

주께서 역사를 주관하시고 세상을 경영하신다는 진리를 붙들었기 때문에 다니엘은 문제로 가득해 보이는 세상 속에서도 의미를 발견했습니다. 여전히 자기 백성을 붙드시는 하나님을 신뢰했기에 다니엘은 원하지 않던 곳에서 원하지 않던 일을 하며 원하지 않던 사람을 섬기면서도 성실하고 정직한 일꾼이 되었습니다. 풀무 불 속으로 던져지고 사자 굴 속으로 팽개쳐진 것과 같은 인생을 살면서도 다니엘은 하나님께서 다스리시고 통치하신다는 것을 신뢰했기에 남다른 클래스로, 탁월한 일꾼으로 살아간 것입니다. 그렇게 다니엘은 혹독한 시대 속에서도 하나님의 백성이 어떻게 살아야 하는지, 어떤 태도와 가치로 살아가야 하는지, 어떤 일꾼이 되어야 하는지 삶으로 보여주고 말하는 사람이 되었습니다.

다니엘을 통해 본 예수: 낯선 땅에서 섬김의 삶을 산 사람들

앞서 살펴본 요셉도 그러하듯 다니엘을 주목하면 자연스럽게 예수 그리스도가 떠오릅니다. 다니엘은 원하지 않았던 바빌로니아로 끌려가 그곳에서 그 나라 임금과 이웃을 섬겼습니다. 진정한 다니엘이신 예수께서는 하나님 우편을 떠나 죄로 얼룩지고 물들고 망가진 이 땅으로 오셔서 인류를 섬기셨습니다. 바빌로니아와 페르시아에서 다니엘은 하나님을 바라보며 신실하고 탁월한 일꾼으로 살았습니다. 목수라는 직업을 시답잖게 여기던 시대에 예수께서는 신실하고 탁월한 목수로 하나님과 이웃을 섬기셨습니다.

 월요일의 예배자

다니엘은 느부갓네살 왕을 비롯하여 바빌로니아의 왕과 페르시아 다리오 왕을 섬기는 일에 종사했습니다. 나사렛에서 가까운 곳에 '세포리스'가 있습니다. 세포리스는 헤롯 안티파스가 권력 과시와 로마에 대한 충성심을 표현할 목적으로 재건한 도시입니다. 학자들은 예수의 아버지 요셉이 그곳에서 일했을 것이며, 목수였던 예수께서도 세포리스를 재건하는 일에 참여하셨을 것으로 추정합니다. 만약 그것이 사실이라면 목수였던 예수께서도 성실하고 신실하게 로마와 헤롯 정부를 위해 일하셨다고 말해도 좋을 것입니다.

다니엘은 여러 바빌로니아 사람과 페르시아 사람들은 물론 포로로 잡혀 온 동포들과 더불어 지내며 그들을 섬겼습니다. 그는 많은 사람의 생명을 구하기도 했고, 그들의 이웃과 친구가 되었습니다. 예수는 더욱 그렇습니다. 복음서를 통해 잘 알 수 있듯이 예수께서는 누구도 섬기려 하지 않았던 죄인과 세리와 창녀, 나병 환자와 귀신 들린 자, 여자와 어린아이들의 친구가 되어 주셨습니다. 소외된 사람들 사회의 약자들과 함께 먹고 마시면서 하나님 나라 복음을 들려주시고 즐거운 마음으로 그들을 섬기셨습니다. 무엇보다 예수께서는 그 누구도 원하지 않던 십자가를 짊어지심으로 생명의 길 구원의 길을 활짝 여셨습니다. 성실하고 신실하신 예수로 인해 우리가 구원받고, 하나님의 자녀가 되었으며, 하나님 나라를 유업으로 받게 되었습니다.

당신의 일터에서 꽃을 피우라: 하나님을 신뢰하는 일꾼의 삶

　어쩌면 우리도 다니엘처럼 원하지 않는 곳에서, 원하지 않는 일을 하며, 원하지 않는 사람을 섬기고 있을지 모릅니다. 쉽게 이해하기 힘든 시간을 보내시는 분도 계실 것입니다. 그런 상황에서도 다니엘처럼 역사를 주관하시고 세상을 경영하시는 하나님, 우리 삶에 개입하시는 하나님을 주목하고 신뢰한다면 우리도 다니엘처럼 성실하고 신실하며 탁월한 일꾼으로 살아갈 수 있는 길이 활짝 열릴 것입니다. 내가 있는 곳을 하나님이 보내신 곳으로 여길 것입니다. 설령 종사하는 일이 내 마음에 쏙 들지 않는다고 해도 정직하고 올바르게 일할 것입니다. 내 위의 상사를 잘 섬기고, 함께 일하는 동료를 아끼며 주변 사람에게 하나님의 은혜를 흘려보내는 축복의 통로가 될 것입니다.

　하나님을 신뢰하고 하나님을 의지할 때 다니엘처럼 우리도 황무지에서도 향기로운 꽃을 피울 것입니다. 풀무 불 속과 사자 굴 속에서도 풍성한 열매를 맺을 것입니다. 낯설고 당혹스러운 세상에서도 성실하고 신실하며 탁월한 일꾼으로 살아낸 다니엘에게서 우리는 예수의 향기를 맡고, 그의 모습에서 예수의 모습을 발견합니다. 이와 마찬가지로 하나님을 신뢰하며 성실하고 신실하며 탁월한 일꾼으로 살아갈 때 우리 주변 사람들이 우리에게서 예수의 향기를 맡고, 예수의 모습을 발견할 것입니다. 다니엘처럼 하나님께 시선을 맞추고 하나님을 신뢰하면서 신실하고 성실하게 일하는 하나님의 사람, 하나님의 일꾼으로 살아갑시다. 그 시간이 쌓이면서 우리는 결국, 예수를 닮아가고 예수를 보여주는 하나님의 사람, 탁월한 일꾼 하나님을 닮은 탁월한 일꾼이 될 것입니다.

더 깊은 묵상을 위한 나눔 질문

1. 당신의 직장이나 일상에서 가장 불만족스럽거나 힘들어서 "이것은 하나님이 나에게 주신 일이 아니야"라고 생각하게 만드는 부분은 무엇입니까? 그 상황에서 '주께서'라는 고백을 드리기가 어려운 가장 큰 이유는 무엇이며, 만약 이 상황이 하나님의 통치 아래 있다는 믿음을 가지게 된다면, 하루의 시작이 어떻게 달라질 수 있을까요?

2. 지금 당신이 하는 일(직업, 가정일, 공부 등)에서 '억지로 하는 수준'이 아니라 '클래스가 다른 탁월함'을 보이기 위해 노력하거나 배우고 있는 것은 무엇입니까? 당신이 그 탁월함을 이루었을 때, 그것이 '연봉이나 승진'이 아닌 '하나님의 영광'을 위한 것임을 주변 사람들에게 어떻게 보여줄 수 있을까요?

3. 당신의 일터에서 다니엘처럼 '이웃과 친구가 되어 선한 영향력을 끼쳤던' 가장 최근의 경험은 무엇입니까?(예: 동료의 어려움을 돕기, 부당함에 맞서기, 갈등을 화해시키기 등) 만약 당신이 지금 원치 않는 일을 하고 있다면, 이 '선한 영향력'이 당신의 일에 대한 만족도를 높이는 데 어떻게 도움을 줄 수 있을까요?

4. 당신의 일터가 '나의 경력'이나 '돈'을 쌓는 곳을 넘어, '예수를 닮아가는 섬김의 현장'으로 바꾸어 가려면 가장 먼저 해야 할 일은 무엇일까요? 일터에서 만나는 사람(고객, 동료, 아랫사람, 가족 등)에게 '예수의 향기'를 전달하기 위해 당신이 오늘 할 수 있는 가장 작은 섬김의 행동은 무엇일까요?

8장

예수의 일상:
가장 낮은 자리에서 완성된 소명

그 때에 예수께서 요한에게 세례를 받으시려고, 갈릴리를 떠나 요단 강으로 요한을 찾아가셨다.

그러나 요한은 "내가 선생님께 세례를 받아야 할 터인데, 선생님께서 내게 오셨습니까?" 하고 말하면서 말렸다.

예수께서 그에게 말씀하셨다. "지금은 그렇게 하도록 하십시오. 이렇게 하여, 우리가 모든 의를 이루는 것이 옳습니다." 그제서야 요한이 허락하였다.

예수께서 세례를 받으시고, 곧 물에서 올라오셨다. 그 때에 하늘이 열렸다. 그는 하나님의 영이 비둘기 같이 내려와 자기 위에 오는 것을 보셨다.

그리고 하늘에서 소리가 나기를 "이는 내가 사랑하는 아들이다. 내가 그를 좋아한다" 하였다.

마태복음 3:13-17, 새번역

무슨 일을 하든지 사람에게 하듯이 하지 말고, 주님께 하듯이 진심으로 하십시오.

여러분은 주님께 유산을 상으로 받는다는 사실을 기억하십시오. 여러분이 섬기는 분은 주 그리스도이십니다.

골로새서 3:23-24, 새번역

'일꾼 예수' 어색한 단어 조합처럼 보이지만, 사실 이보다 더 자연스러운 단어의 조합은 없습니다. 요한복음 1장을 보면 모든 만물이 말씀이신 예수로 말미암아 창조되었다고 선언합니다. 말씀이신 예수가 최고의 일꾼이라는 진리를 캐낼 수 있는 말씀입니다. 천지를 창조하신 예수께서 목수가 되셨습니다. 사도 바울은 예수를 우리의 푯대라고 선언하며(빌 3:14), 본받으라고 가르칩니다(롬 15:5). 이 말에는 일터에서도 예수가 우리의 모범이자 푯대가 되신다는 의미가 담겨 있습니다. 우리의 푯대가 되시고 우리가 본받아야 할 예수는 어떤 목수였으며, 어떤 일꾼이었을까요? 이번 장에서는 목수 예수, 일꾼 예수를 톺아보면서 일에 관해 우리가 배우고 본받아야 할 것이 무엇인지 찾아보겠습니다.

침묵의 시간: 성경이 말하지 않는 목수 예수의 삶

복음서는 주로 예수의 공생애를 주목하고 자세하게 다룹니다. 공생애 이전 예수에 관한 기록은 예수의 출생에 관한 기록과 열두 살 때 성전에 올라가셨던 일이 전부입니다. 성경은 예수께서 목수로 사셨던 시간에 관해서는 침묵합니다. 고작해야 예수가 목수였다는 사실을 간략하게 알려주는 말씀이 있을 따름입니다. 성경이 이 부분에 관해 자세한 이야기를 들려주지 않는 점이 아쉽고 안타깝지만, 행간을 읽어내는 수고를 아끼지 않는다면 예수께서 어떤 목수였으며, 어떤 일꾼이었는지 충분히 알아갈 수 있습니다. 성경을 꼼꼼히 읽으면서 목수 예수의 삶을 추적하고 생각해 보는 것은 직장에서 일하며 살아가는 우리에게 놀라운 통찰과 방향성을 제공할 것입니다. 수고할 필요가 충분하다는 뜻입니다.

예수는 목수의 아들로 자랐고, 자연스럽게 목수가 되셨습니다. 성경 저자가 목수로 사셨던 시간에 관해 침묵한다고 해서 목수라는 일을 나쁘게 평가한다고 생각해서는 안 됩니다. 예수께서 목수라는 직업과 목수가 해야 할 일을 하찮게 여겼다거나 불편하게 여겼다는 흔적은 성경에는 조금도 찾을 수 없습니다. 목수 예수에 관한 성경의 침묵을 부정적인 의미로 해석해서는 안 된다는 뜻입니다. 말씀을 자세하게 살펴보기 전에 먼저 예수가 목수였다는 사실을 알려주는 말씀부터 읽어보겠습니다.

이 사람은 목수의 아들이 아닌가?

그의 어머니는 마리아라고 하는 분이 아닌가?

그의 아우들은 야고보와 요셉과 시몬과 유다가 아닌가?

(마태복음 13:55, 새번역)

마태는 예수를 목수의 아들이라고만 표현합니다. 고대사회에서 직업은 당연히 대물림 되었지요. 목수의 아들이었던 예수가 목수의 일을 이어받는 것이 자연스러운 일이었습니다. 굳이 예수가 목수였다고 기록하지 않아도 다 알고 있었다는 전제를 잊지 말아야 합니다. 마가복음에서는 예수가 목수였다는 사실을 구체적이며 직선적인 언어로 게다가 낮잡아 보는 방식으로 묘사합니다. 그 말씀도 읽어보고 싶습니다.

저 사람은 한낱 목수가 아닌가? 마리아의 아들이고 야고보, 요셉, 유다,

시몬과 형제가 아닌가? 그 누이들도 여기 우리와 함께 있지 않은가?"

그러면서 사람들은 예수를 배척했습니다.

(마가복음 6:3, 우리말 성경)

예수가 목수였다는 사실을 성경이 확증합니다. 한 가지 더 질문하고 싶은 것이 있습니다. 예수께서 목수라는 직업을 소중하게 여기셨을까? 라는 질문입니다. 이 질문에 관한 대답은 예수께서 부르신 제자들의 면면을 살펴보면 찾을 수 있습니다. 예수께서는 갈릴리 바다에서 고기 잡던 어부를 제자로 부르셨습니다. 로마 앞잡이와 같았던 세리 마태도 제자로 부르셨습니다. 예수께서 어부나 세리라는 직업을 하찮게 여기거나 무시해서 제자로 부르신 것은 아닙니다. 다양한 직업, 어떤 면에서는 하찮아 보이는 직업에 종사하던 사람을 제자로 부르셨다는 것은 예수께서 어부와 세리라는 직업까지도 존중하셨다는 의미가 담겨 있습니다. 모든 직업을 존중하셨다는 사실을 예수께 직접 적용하면 예수께서 목수라는 직업과 목수로 살아온 시간을 소중하게 여겼을 것으로 추측할 수 있습니다.

성경을 읽을 때 문자에 집착하듯 읽는 것보다는 그 말씀에 담긴 의미가 무엇인지 질문하면서 읽는 것이 훨씬 좋은 독서법입니다. 특히 성경을 읽으면서 행간을 읽어내는 것은 정말로 중요합니다. 성경을 읽고 묵상하면서 행간을 읽어내고 거룩한 상상력을 발휘해야 할 때가 자주 있습니다. 이런 방법으로 성경을 읽으면 목수 예수에 관해 아주 흥미로운 사실을 발견할 수 있습니다. 먼저 골로새서 1:15~17 말씀을 함께 읽어보겠습니다.

바울은 모든 만물이 예수를 통해 창조되었다고 선언하면서 온 세상과 그 안을 채운 생명체를 만드신 분이 예수라고 선언합니다. 예수는 창조하시는 분, 무언가를 만드시는 분입니다. 신비롭다고 해야 할까요? 아니면 당연하다고 해야 할까요? 세상을 창조하신 하나님의 아들 예수께서 목수가 되셨습니다. 온 우주를 창조하신 예수께서 사람이 살아갈 공간을 만드셨고, 흙으로 사람을 만드신 예수께서 사람들이 사용할 탁자와 의자를 만드셨습니다. 성육신하기 전에도 성육신하신 후에도 예수는 일하셨습니다. 차이라면 만물을 말씀으로 창조하신 예수께서 목수가 되신 이후로는 땀 흘리며 손으로 직접 만드셨다는 점일 뿐입니다.

이 사실이 우리에게 알려주는 것이 있습니다. 예수께서 굳은살이 박인 거칠고 튼튼한 목수의 손을 가지셨다는 사실입니다. 목수 예수는 매일 아침 일어나 일터로 출근하는 것이 어떤 일인지 알고 계시며, 직장 동료와 함께 일하는 즐거움과 어려움이 무엇인지 이해하십니다. 목수 예수는 하루의 고된 일과를 마친 후 퇴근하는 기분이 무엇인지 삶으로 알고 계십니다. 노동자였던 예수는 육체적 정신적으로 피곤한 것이 무엇인지도 자세하고 정확하게 알고 계십니다. 목수 예수는 충실하게 일한 후에 맛보는 성취감을 아시고, 일터에서 경험할 수밖에 없는 좌절감도 맛보셨을 것입니다. 목수 예수는 노동의 현장을 살아가는 우리를 속속들이 이해하십니다. 예수께서 우리가 일터에서 겪는 어려움과 즐거움, 기쁨과 슬픔을 아신다는 사실 하나만으로도 가슴이 뭉클합니다. 예수께서 목수가 되셨고, 목수로 일하셨다는 것에서 배울 수 있는 통찰은 이것이 전부가 아닙니다.

목수의 작업실: 겸손과 순종의 훈련장

잡히시기 전날 밤 예수는 허리에 수건을 두르고 제자들의 때 끼고 냄새 나는 발을 씻기셨습니다. 꼬질꼬질한 발을 씻기는 일은 그 당시 가장 낮은 종이나 하는 일이었습니다. 바로 그 일을 예수께서 하셨습니다. 가장 높으신 분이 가장 낮고 천한 일을 하신 것입니다. 여기서 우리는 한 가지 질문을 던져야 합니다. 예수의 지극한 섬김, 밑바닥까지 자신을 낮추신 겸손은 언제부터 시작한 걸까요? 십자가를 지시기 전날 밤 갑자기 생겨난 것일까요? 이전에는 없었던 겸손한 마음과 태도가 그날 갑자기 생겼다는 말은 어색합니다. 예수의 낮아지심과 겸손, 섬김의 태도는 오래전 그분의 일터에서 시작했음이 분명합니다.

자라면서 예수는 아버지 요셉에게 목수 일을 배우셨을 것입니다. 좋은 목수가 되기 위해 예수가 배워야 했던 것은 한둘이 아니었겠지요. 초보 목수였던 예수는 실수할 때가 있었을 것이고, 일하다 다치기도 했을 것입니다. 그 모든 과정에서 예수는 아버지 요셉의 지도와 가르침을 받고, 순종했을 것입니다. 작업 도구를 포함한 물건을 정리 정돈하고, 작업장을 청소하는 일은 오롯이 예수의 몫이었을 겁니다. 온 세상을 창조하신 분이 작고 좁은 작업장에서 겸손히 목수 훈련을 받으신 것입니다. 예수에게 목수 작업실은 섬김과 겸손과 낮아짐의 훈련소였습니다. 그 시간을 지나며 예수의 몸에 밴 섬김과 겸손과 낮아짐이 자연스럽게 제자들의 발을 씻기는 일로 나타난 것입니다. 예수께서는 일터에서 순종만 배우신 것이 아닙니다. 일터에서 쉽게 만날 수밖에 없는 어려움이 무엇인지 경험하셨을 겁니다.

일터의 가시와 엉겅퀴: 우리를 이해하시는 목수 예수

일터만큼 죄로 타락한 곳이 또 있을까요? 경험으로 알고 있듯이 타락한 일터는 때때로 전쟁터와 같습니다. 치열한 경쟁 사회이며, 여러 가지 어려움을 만날 수밖에 없는 곳입니다. 마음을 불편하게 만드는 사건이 시시때때로 일어나는 것은 물론 관계가 깨지는 일도 적지 않습니다. 아담이 범죄한 후 그의 일터였던 땅에서 가시와 엉겅퀴가 돋아난 것처럼 우리가 종사하는 일터에서 심한 가시와 엉겅퀴가 돋아나는 것은 당연한 일일 것입니다. 목수 예수는 어떠셨을까요? 예수께서도 일터에서 만날 수밖에 없는 복잡한 문제를 경험하셨고, 일터에서 심한 가시와 엉겅퀴가 돋아난다는 의미를 정확히 이해하실 것입니다.

불평불만이 많고 트집 잡기에 능한 까다롭고 부담스러운 손님이나 고객은 이 시대의 전유물이 아닙니다. 고대에도 임금을 체불하거나, 사람을 함부로 대하거나, 소유물을 빼앗는 사람들이 적지 않았습니다. 성경에서도 이 사실을 쉽게 발견할 수 있습니다. 이삭은 수고해서 판 우물을 여러 번 빼앗겼습니다(창 26:12~22). 야곱은 임금 문제로 삼촌 라반에게 열 번이나 속았습니다(창 31:7). 열 번이란 말은 말 그대로 열 번일 수도 있지만, 수없이 자주 혹은 고통스러울 정도로 자주였다고 읽어도 좋습니다. 요셉은 보디발의 가정 총무로 충실하게 일하다가 억울한 누명을 뒤집어쓰고 왕의 신하를 가두는 옥에 갇혔습니다. 다니엘은 일에 허물이 없다는 이유, 정직하고 성실하며 탁월하게 일했다는 이유로 어이없게도 사자 굴에 던져졌습니다. 예수께서 이 땅에 오시기 훨씬 전부터 일터에서 모질고 거친 가시와 엉겅퀴가 수시로 돋아났다는 것을 잘 알려주는 대표적인 사건들입니다.

목수 예수께서도 다르지 않으셨을 것입니다. 어쩌면 예수께서도 악덕 고용인을 만났을 것입니다. 물건값을 제대로 치르지 않는 진상 손님을 만나셨을지도 모를 일입니다. 목수라는 직업을 하찮게 여긴 시대 배경을 생각하면 한낱 목수 예수께 함부로 말하거나 욕설을 퍼붓는 손님도 얼마든지 있었을 것으로 추측할 수 있습니다. 우리가 일터에서 경험하는 여러 가지 크고 작은 문제를 예수께서도 경험하셨다는 뜻입니다. 예수께서도 일터에서 여러 가지 가시와 엉겅퀴를 만나셨다는 사실이 일터에서 살아가는 우리에게 은혜와 위로로 다가옵니다. 예수와 우리 사이에 깊고 친밀한 공감대가 생기는 지점이기도 합니다.

"내 마음에 쏙 드는 아들": 하나님이 기뻐하시는 일의 비밀

진짜 궁금한 것은 따로 있습니다. 예수께서는 목수라는 직업과 일을 어떻게 생각하셨을까요? 마가복음을 통해 알 수 있듯이 신약 시대 사람들은 목수라는 직업을 '한낱 목수'로 여겼습니다. 낮고 천한 직업으로 여겼다는 뜻입니다. 앞서 살펴본 것처럼, 예수께서는 목수라는 직업과 목수의 일을 무의미하게 여기거나 하찮게 여기지 않으셨습니다. 목수의 일이 너무나 중요하고 의미 있는 일이었다거나, 목수의 일이 다른 일들보다 훨씬 우월한 일이어서가 아닙니다. 예수께서 목수의 일을 중요하게 여기고, 목수의 일에 최선을 다하셨던 유일한 이유는 그 일을 하늘에 계신 아버지께서 맡기신 일로 여기셨고 받아들이셨기 때문입니다.

마태복음 3:13~17 말씀은 예수께서 세례 요한에게 세례받으시는 사건을 기록한 말씀입니다. 이 말씀은 목수 예수와는 아무 상관이 없는 말씀처럼 보이지만, 하나님께서 하신 이 말씀을 묵상하면 놀랍게도 목수 예수의 삶을 추적할 수 있습니다. 사람들은 목수라는 직업을 하찮게 여겼지만, 예수께서는 중요하게 여기셨고, 그 일에 충실하셨다는 사실을 캐낼 수 있습니다. 쉽게 말해 이 말씀에서 예수께서 목수의 일을 사랑하시고, 목수로 사셨던 삶에 충실하셨으며, 최선을 다하는 목수였다는 사실을 발견할 수 있습니다. 억지스러운 주장이 아니라 정말로 그렇습니다. 그 대답을 살펴보겠습니다.

예수께서 세례받으신 저 유명한 장면을 떠올려 보십시오. 예수께서 세례 요한에게 세례받으신 후 올라오실 때 하늘에서 하나님의 영이 비둘기처럼 내려오셨습니다. 그때 하늘에서 하나님 아버지의 목소리가 울려 퍼졌습니다.

> *"이는 내 사랑하는 아들, 내 마음에 드는 아들이다*
>
> *(마태복음 3:17, 공동 번역)."*

먼저 이 말씀은 성부, 성자, 성령 삼위일체 하나님을 계시한 아주 중요한 말씀입니다(성자 예수가 세례받으시고 성령이 비둘기 같이 임하시고, 성부 하나님께서 말씀하셨습니다). 이때 하나님께서는 예수를 사랑하시며, 마음에 쏙 든다고 말씀하셨습니다. 이 말씀에 담긴 뜻은 무엇일까요? 지금까지는 별로 마음에 들지 않았는데 이제 공생애를 시작하는 것을 보니 맘에 쏙 든다는 말씀일까요? 다시 말해 하나님께서 예수의 공생애와 그 사역만을 기뻐하시고 좋아한다는 뜻일까요? 더 직선적으로 말해 지금까지 목수로 살아왔던 삶은 무가치하고 맘에 들지 않았는데 이제야 비로소 사랑스럽고 맘에 든다는 말씀일까요?

그럴 수 없습니다. 하나님의 이 말씀은 예수의 모든 삶이 하나님의 기쁨이었고 하나님의 마음에 쏙 든다는 뜻입니다. 예수께서 목수로 일하며 살아온 그 시간을 하나님이 기뻐하신다는 뜻이며, 예수께서 목수의 삶과 일로 하나님을 기쁘시게 하셨다는 뜻입니다. 하나님께서 천지를 창조하신 후 세상을 보시면서 심히 좋아하셨다는 말씀을 기억합니다(창 1:31). 하나님께서 만드신 세상이 마음에 쏙 든다는 표현입니다.

창세기 말씀을 하나님께서 예수에게 하신 말씀과 연결해 보십시오. 예수께서 목수로 살아오신 모든 삶을 사랑하실 뿐 아니라 목수 예수께서 만드신 모든 작품이 하나님 마음에 쏙 들었다는 의미로도 읽어낼 수 있습니다. 예수께서 세례받으실 때 하늘에서 울려 퍼진 이 말씀은 예수께서 목수의 삶과 일로 하나님을 기쁘시게 해드렸고, 하나님의 마음을 흡족하게 하셨다는 것을 알려줍니다. 예수께서 목수라는 직업과 목수가 하는 일을 귀하게 여기셨다는 강력한 증거입니다.

나의 멍에를 메고 내게 배우라: 탁월한 일꾼 예수에게서 배우는 지혜

예수는 목수의 일을 사랑하셨습니다. 목수로 훈련받는 시간을 통해 겸손과 섬김, 낮아짐을 훈련하셨습니다. 목수로 살아온 시간과 일로 하나님

을 기쁘시게 해드렸습니다. 이 지점에서 또 다른 질문이 생깁니다. 예수
께서는 손에 꼽을 수 있는 탁월한 목수였을까? 라는 질문입니다. 예수께
서는 평범한 목수의 일을 비범하게 하시는 달인이셨을까요? 이 질문에 대
한 대답을 마태복음 11:28~30 말씀에서 찾을 수 있습니다.

예수께서 이 땅에 거하시던 때 이스라엘의 멍에는 우리나라 멍에와는
크기와 모양이 완전히 다릅니다. 우리나라 멍에는 삿갓 모양 혹은 자음
시옷 모양에 가깝습니다. 소 한 마리에게 멍에를 씌우고 밭을 갑니다. 어
린 시절 아버지께서 집에서 키우던 소로 밭 가는 모습을 자주 보아서 익
히 아는 사실입니다.

신약 시대 이스라엘 농경 문화는 우리나라와는 사뭇 다릅니다. 우선 이
스라엘 사람이 사용한 멍에는 자음 '시옷' 모양이 아니라 알파벳 'T'와 비슷
하게 생겼습니다. 우리나라 농경 문화에서는 소 한 마리에게 멍에를 씌우
고 밭을 갈지만, 이스라엘에서는 소 두 마리가 함께 멍에를 메고 밭을 갑
니다. 'T'자 모양 멍에에서 가운데 기둥 같은 나무를 기준으로 양쪽에 소
가 한 마리씩 들어가 멍에를 맵니다. 이때 멍에 한쪽은 밭을 가는 데 익숙
하고 경험이 많은 베테랑 소에게 얹고, 다른 한쪽에는 아직 일해 본 적이

없거나 얼마 되지 않은 초보 소에게 얹습니다. 두 마리 소가 짝을 이루어서 멍에를 메고 밭을 간다고 보시면 됩니다.

이스라엘 농경 문화를 이해할 수 있는 말씀이 성경에 기록되어 있는데요. 구약성경 열왕기상 19장을 보면 엘리야 선지자가 엘리사 선지자를 부르는 장면이 나옵니다. 엘리야 선지자의 부름을 받은 엘리사는 멍에를 매고 밭 갈던 열두 겨리 소 중에서 한 겨리 소(두 마리)를 번제로 드렸습니다 (왕상 19:21). 따로따로 밭 갈던 소가 아니라 T자 모양의 멍에를 함께 메고 밭 갈던 두 마리 소를 한 번에 번제로 드렸다는 말입니다. 두 마리 소에게 멍에를 씌운 이유가 있습니다. 일 잘하는 베테랑 소와 같은 멍에를 매고 같이 일하면서 초보 소가 밭 가는 법과 힘쓰는 법, 주인의 뜻을 이해하고 순종하는 법을 배우게 하려는 것입니다.

이스라엘 농경 문화에 비추어 예수의 '나의 멍에를 메고 내게 배우라'고 하신 말씀을 읽고 해석할 필요가 있겠지요. 이스라엘의 농경 문화에 비추어 보면 이 말씀은 단순히 쉼으로의 초대가 아닙니다. 예수의 멍에를 멘다는 말은 혼자 멍에를 멘다는 말이 아닙니다. 예수의 제자가 되어 예수와 함께 예수의 멍에를 메고 탁월한 일꾼이신 예수와 함께 일하면서 예수께 배우라는 말씀입니다.

이 말씀에는 예수가 탁월한 일꾼이라는 진리가 숨어 있습니다. 탁월한 일꾼이신 예수와 함께 일하면서 어떤 마음과 태도로 일해야 하는지, 어떻게 어려움을 극복하며 앞으로 나아갈 수 있는지, 어떻게 하나님의 뜻을 분별하고 하나님께 순종할 수 있는지, 어떻게 일로 하나님을 섬기고 예배할 것인지 배우라는 말씀으로 읽고 적용할 수 있습니다. 조금 멀리 돌아왔지만, 핵심은 분명합니다. 예수는 탁월한 일꾼이시며, 목수로 지내셨을 때도 랍비로 지내시며 하나님 나라를 가르치셨을 때도, 예수는 하나님을 기쁘시게 하는 탁월한 일꾼이었다는 것을 알 수 있습니다.

평범함을 비범하게: 모든 일을 주님께 하듯

사도 바울이 가르친 대로 예수 그리스도는 우리의 푯대이시며, 우리가 닮아가야 할 모범이십니다. 이 말씀은 예수가 우리의 모든 인격과 삶의 영역에서 예수를 바라보아야 하고, 본받아야 한다는 뜻입니다. 일꾼으로 지음을 받았고, 보냄을 받은 우리는 탁월한 목수 예수를 본받아야 합니다. 우리도 예수처럼 일터에서 행하는 평범한 일을 비범하고 탁월하게 해내는 일꾼이 되어야 할 것입니다.

직장에서 복사하거나 커피를 내리는 일을 탁월하게 하는 일꾼, 어린이집이나 유치원, 혹은 학교에서 어린이와 학생을 탁월하게 가르치는 일꾼, 가정을 돌보고 살림을 사는 일에서도 최고 수준을 향해 나아가는 일꾼이 되어야 할 것입니다, 설교자라면 말씀을 준비하고 원고 쓰며 설교하는 일과 성도를 목양하는 일에 최선을 다하며 탁월함을 추구하는 일꾼이 되어야 할 것입니다. 그것이 목수 예수를 따르는 길이기 때문입니다. 우리가 종사하는 평범한 일을 비범하게 행할 때 평범한 목수의 일을 비범하게 하시며 탁월한 결과로 하나님을 기쁘시게 하고, 하나님의 마음에 쏙 드셨던 목수 예수를 닮아갈 것입니다.

이 비밀을 깨달은 사도 바울은 일터에서 우리가 어떤 마음과 태도로 어떻게 일해야 하는지 가르쳐 줍니다. 골로새서 3:23~24 말씀입니다.

무슨 일이나 사람을 섬긴다는 생각으로 하지 말고

주님을 섬기듯이 정성껏 하십시오.

여러분은 주님께서 약속하신 것을

상으로 받게 되리라는 것을 기억해야 합니다.

여러분은 주님이신 그리스도를 섬기는 사람들입니다.

(골로새서 3:23~24, 공동 번역)

말씀을 역순으로 보십시오. 우리가 주 예수를 섬기는 사람이기에 우리는 무슨 일이나 주님을 섬기듯이 정성껏 하는 사람이 되어야 한다는 말씀입니다. 특별한 일, 남다른 일이 아니라 **무슨 일**'을 하든지입니다. 무슨 일이란 우리가 하는 모든 평범한 일, 복사하고, 커피 타고 살림 살고, 설교 준비하고, 어린이를 가르치고, 사진을 찍는 것과 같은 모든 일입니다. 아마도 이 말씀을 묵상하면서 깨달은 것이 아닐까 짐작하는데요. 마틴 루터 킹 목사는 우리가 어떤 마음과 태도로 어떻게 일해야 하는지 이해하기 쉬운 언어로 가르쳐주었습니다.

길거리 청소부의 일을 하게 됐다면 미켈란젤로가 그림을 그리듯이 거리를 청소하세요. 베토벤이 음악을 작곡하듯이 거리를 청소하세요. 메트로폴리탄 오페라 앞에서 노래를 부르는 레온타인 프라이스처럼 거리를 청소하세요. 셰익스피어가 시를 쓰듯 거리를 청소하세요. 천지의 주인들이 '자신의 일을 충실히 해낸 훌륭한 청소부가 여기 있었

하나님은 예수께서 목수로 일하며 살아간 모든 시간을 사랑하셨고 기뻐하셨으며, 목수라는 평범한 일을 비범하게 행하신 예수 그리스도를 향해 내 기뻐하는 자라고 선포하셨습니다. 그 시대 사람들은 목수라는 직업을 하찮게 여겼지만, 예수께서는 목수라는 일을 하찮게 여기지 않으셨습니다. 오히려 목수의 일을 통해 겸손과 순종을 배우셨고, 손에 굳은살이 박이도록 부지런히 일하셨습니다. 목수로 일하면서 일터에서 돋아나는 가시와 엉겅퀴를 만났지만. 그 속에서도 예수는 정직하셨고 신실하셨습니다. 무엇보다 목수 예수는 평범한 일을 비범하게 행하는 탁월한 목수였고, 목수의 일로 하나님을 기쁘시게 하셨고, 하나님의 마음에 쏙 드는 일꾼이 되셨습니다. 그렇게 예수는 평범한 일을 구속(救贖)하셨고, 일과 일터에서 새로운 지평을 여셨습니다.

우리는 그리스도인입니다. 그리스도인은 예수 그리스도를 본받아야 할 작은 예수입니다. 어떤 일꾼이 되어야 할지, 어떻게 일해야 할지 일꾼 예수, 목수 예수에게서 배웁시다. 목수의 일을 통해 겸손과 순종을 배우신 예수처럼 우리도 일터에서 겸손과 순종을 배우고 훈련합시다. 가시와 엉겅퀴가 돋아나는 일터에서도 정직하고 신실하셨던 예수를 본받아 일터에서 가시와 엉겅퀴를 만날 때도 정직하고 신실하게 일하는 일꾼이 됩시다. 목수라는 평범한 일을 비범하게 행하신 탁월하신 목수 예수를 푯대 삼아 우리도 평범한 일을 비범하게 할 줄 아는 탁월한 일꾼으로 자라갑시다. 하나님께서 목수 예수에게 내 사랑하는 아들이요, 내 마음에 쏙 드는 아들

1) 앤 하이엇, *지금 나에게 모든 것을 걸어라*, 신솔잎 역(비즈니스북스), 41.

이라고 말씀하셨듯이 우리를 향해 내 사랑하는 자녀요 내 마음에 쏙 드는 자녀라고 말씀하실 것입니다. 날마다 신실하고 탁월한 일꾼이신 목수 예수에게 배우면서 하나님을 기쁘시게 하는 예수 닮은 일꾼, 하나님께 칭찬받는 일꾼으로 살아갑시다.

더 깊은 묵상을 위한 나눔 질문

1. 당신의 일터에서 '가장 하기 싫은 일'이나 '가장 낮은 자리'라고 느껴지는 일은 무엇입니까? 그 일이 당신의 겸손과 섬김을 훈련하는 예수의 작업실이라고 생각한다면, 그 일을 통해 당신은 어떤 성품을 배우고 성장하고 싶습니까?

2. 당신의 일터에서 당신을 정직하지 못하게 유혹하거나, 불평과 좌절을 느끼게 하는 '가시와 엉겅퀴'는 무엇입니까?(예: 상사의 부당한 지시, 동료의 불성실함, 불경기) 이럴 때 '예수라면 어떻게 하셨을까?'를 생각하며 정직과 신실함을 지키기 위해 노력했던 구체적인 경험이 있다면 나누어 봅시다.

3. 지금 당신이 하는 일(직업, 살림, 학업 등)에서 '이 부분만큼은 정말 최선을 다했고, 하나님이 기뻐하실 것 같다'라고 자신 있게 말할 수 있는 영역은 무엇입니까? 반대로, '하나님이 보시기엔 대충대충 했다'라고 느낄 만한 부분이 있다면 무엇이며, 그 부분을 '하나님 마음에 쏙 들게' 바꾸기 위해 가장 먼저 바꿔야 할 것은 무엇일까요?

4. 당신이 오늘 만나는 고객, 상사, 동료, 혹은 가족을 '주님이 보내신 사람'이라고 생각하고 그들을 위해 일한다면, 당신의 표정이나 태도, 행동 중에서 가장 크게 달라질 것은 무엇이라고 예상합니까? 그 달라진 모습이 당신의 일터와 삶에 가져올 긍정적인 변화는 무엇일까요?

성장의 여정:
일과 영성, 함께 가다

9장

시대의 변곡점:
변화와 불확실성을 통과하는 지혜

이것은 예언자 예레미야가 예루살렘에서 보낸 편지로서, 포로로 잡혀 간 장로들 가운데서 살아 남은 사람들을 비롯하여, 느부갓네살이 예루살렘에서 바빌로니아로 잡아간 제사장들과 예언자들과 온 백성에게 보낸 것이다.

이 때는 여고냐 왕과 그의 어머니와 내시들과 유다와 예루살렘의 고관들과 기술자들과 대장장이들이 예루살렘에서 떠난 뒤이다.

이 편지는, 유다 왕 시드기야가 바빌로니아 왕 느부갓네살에게 보낸 사반의 아들 엘리사와 힐기야의 아들 그마랴를 시켜 바빌로니아로 전달하였다. 다음은 편지의 내용이다.

"나 만군의 주, 이스라엘의 하나님이 말한다. 내가 예루살렘에서 바빌로니아로 잡혀 가게 한 모든 포로에게 말한다.

너희는 그 곳에 집을 짓고 정착하여라. 과수원도 만들고 그 열매도 따 먹어라.

너희는 장가를 들어서 아들딸을 낳고, 너희 아들들도 장가를 보내고 너희 딸들도 시집을 보내어, 그들도 아들딸을 낳도록 하여라. 너희가 그 곳에서 번성하여, 줄어들지 않게 하여라.

또 너희는, 내가 사로잡혀 가게 한 그 성읍이 평안을 누리도록 노력하고, 그 성읍이 번영하도록 나 주에게 기도하여라. 그 성읍이 평안해야, 너희도 평안할 것이기 때문이다.

나 만군의 주, 이스라엘의 하나님이 분명히 말한다. 너희는 지금 너희 가운데 있는 예언자들에게 속지 말고, 점쟁이들에게도 속지 말고, 꿈쟁이들의 꿈 이야기도 곧이듣지 말아라.

그들은 단지 나의 이름을 팔아서 너희에게 거짓 예언을 하고 있을 뿐이다. 그들은 내가 보낸 자들이 아니다. 나 주의 말이다.

나 주가 분명히 말한다. 너희가 바빌로니아에서 칠십 년을 다 채우고 나면, 내가 너희를 돌아보아, 너희를 이 곳으로 다시 데리고 오기로 한 나의 은혜로운 약속을 너희에게 그대로 이루어 주겠다.

너희를 두고 계획하고 있는 일들은 오직 나만이 알고 있다. 내가 너희를 두고 계획하고 있는 일들은 재앙이 아니라 번영이다. 너희에게 미래에 대한 희망을 주려는 것이다. 나 주의 말이다.

너희가 나를 부르고, 나에게 와서 기도하면, 내가 너희의 호소를 들어주겠다.

너희가 나를 찾으면, 나를 만날 것이다. 너희가 온전한 마음으로 나를 찾기만 하면,

내가 너희를 만나 주겠다. 나 주의 말이다. 내가 너희를 포로생활에서 돌아오게 하겠다. 내가 너희를 쫓아 보냈던 세상의 모든 나라, 모든 지역에서 너희를 모아 오겠다. 내가 너희를 포로로 보냈으나, 나는 너희를 그 곳에서 너희의 고향으로 다시 데려오겠다. 나 주의 말이다.

너희는 '주님께서는 바빌로니아에서도 우리에게 예언자들을 보내 주시지 않았느냐?' 하고 말한다.

예레미야 29:1-15, 새번역

월요일의 예배자

'미래소년 코난'이라는 애니메이션이 있습니다. 핵전쟁으로 인해 지구 문명이 파괴되고 난 이후 인류의 삶을 담아낸 만화 영화입니다. 전쟁으로 폐허가 되어버린 지구에서 생존한 소수의 사람은 엄청난 변화에 직면할 수밖에 없었습니다. 살아가야 할 환경은 물론 삶의 모든 것이 송두리째 바뀌었기 때문입니다. 개인적 생각이지만, 만화 영화 미래소년 코난은 상상하지 못한 변화의 물결 앞에서 사람들이 어떤 선택을 내리고 어떤 삶을 살아가는지 담아낸 애니메이션으로도 감상할 수 있습니다.

급격한 환경과 삶의 변화에 대응하는 방식에 따라 등장인물을 크게 세 부류로 나눌 수 있는데요. 첫 번째는 변화에 순응하면서 농사를 짓거나 고기를 잡으면서 주어진 삶을 살아가는 부류입니다. 일반적인 소시민이 여기에 해당합니다. 두 번째는 그 혼란한 상황을 이용해서 권력을 거머쥐는 부류입니다. 그들은 거머쥔 권력을 이용해서 다른 사람을 착취하고, 더 많은 것을 차지하려고 애쓰는 부류의 사람입니다. 세 번째 부류는 이와는 전혀 다른 선택을 내립니다. 그때는 전쟁으로 지구가 망가졌고, 문명도 거의 파괴되었습니다. 남아 있는 문명과 지식은 파편적이었습니다. 게다가 힘과 권력을 거머쥔 사람들이 착취를 일삼는 상황이었습니다. 이 부조리하고 당혹스러운 상황에서도 그들은 남아 있는 문명과 지식을 사용해서 더불어 잘 살아갈 수 있는 세상을 만들려고 고군분투합니다. 그들은 지속 가능한 지구, 다시 말해 다음 세대가 살아갈 터전을 만들기 위해 애씁니다. 모든 사람이 충격적인 변화를 경험했지만, 변화에 대처하는 방식은 저마다 다릅니다. 비록 애니메이션이지만 사람이 살아가는 세상 풍경을 정확하게 담아낸 작품이 아닐까 싶습니다.

불확실성 시대의 공포: AI와 기후 위기, 그리고 우리의 질문

만화 영화 미래소년 코난 속에서 일어난 것과 똑같은 일이 현실 세계에도 일어납니다. 우리는 급변하는 세상을 살아가고 있습니다. 가뜩이나 빠르게 변하는 세상이었는데 인공지능(A.I.)이 등장한 이후 세상은 더 빠르게 변하고 있습니다. 과연 A.I.가 사람이 사는 세상을 어디까지 어떻게 바꾸어놓을지 장담하기 어렵습니다. A.I.의 위험성을 예견하는 목소리도 점점 더 커지고 있습니다. 영화에서나 본 것처럼 A.I.가 사람을 지배하려 드는 것은 아닐지 불안한 마음이 고개 드는 것도 사실입니다.

조금 염려되는 부분이 있긴 하지만, 이 부분은 아직까지는 거리가 있는 이야기가 아닐까 싶습니다. A.I.의 등장으로 가장 직접적인 타격을 받을 수밖에 없는 영역이 있습니다. 바로 직장 혹은 일터 영역입니다. A.I.는 직장 풍경을 송두리째 바꿀 것으로 보입니다. 전문가들은 A.I. 시대에 장차 살아남을 직종과 사라질 직종에 관해 예견을 쏟아냅니다. 예견이 정확하게 들어맞을지 빗나갈지는 누구도 모릅니다. 모든 것이 불확실하지만, 한 가지 확실한 것은 직업과 일터에 큰 변화가 일어날 것이라는 예측입니다.

게다가 지구 기후 위기도 간과할 수 없는 문제입니다. 지구온난화라는 말은 벌써 옛말이 되었고, 기후 위기라는 말이 널리 사용되고 있습니다. 과학자들은 우리가 이미 대멸종 시대를 살고 있다고 말합니다. 실제로 멸종하는 동식물의 수와 속도가 예상을 뛰어넘습니다. 여름이면 말도 안 되는 폭우와 불볕더위를 경험하고 있습니다. 지난여름 쏟아진 폭우는 당혹스러울 정도였습니다. 곳곳이 침수되고, 급격히 불어난 물로 사망 사고까지 일어났습니다. 겨울에는 기록적인 폭설과 한파에 시달립니다. 지난겨울 제가 살던 곳에 일주일 동안 눈이 쏟아졌습니다. 따뜻한 남쪽 통영에서 자란 저에게는 무척이나 낯선 풍경이었습니다. 앞으로 우리가 만날 여름과 겨울은 도대체 어떨지 가늠하기가 어렵습니다. 그만큼 우리는 충격적인 변화를 경험하고 있다고 말해도 좋을 것입니다.

이런 거대한 변화 앞에서 우리 그리스도인은 어떤 마음과 자세를 가져야 할까요? 특히 엄청난 변화가 일어날 일의 영역에서 우리가 지켜가야 할 태도는 무엇일까요? 충격적인 변화 앞에서 순응하며 살아가야 할까요? 아니면 변화를 철저히 거부하면서 고집스러울 정도로 과거에 얽매인 채 살아가야 할까요? 변화의 시기에 개인적 성공을 거머쥐기 위해 애쓰고, 호시탐탐 권력을 노리며 살아가야 할까요? 아니면 더 나은 세상을 만들기 위해 할 수 있는 일을 찾아내고 그 일에 애써야 할까요? 우리 그리스도인이 선택하고 지켜가야 할 태도는 무엇이며, 복잡하고 급변하는 세상에서 그렇게 살아야 할 이뉴는 무엇일까요? 말씀을 통해 그 대답을 찾아보겠습니다,

최초의 변곡점: 에덴 이후, 삶의 태도를 선택하다

이 질문에 답하기 위해 먼저 성경의 인물들을 살펴보게습니다. 성경에는 큰 변화를 경험한 인물이 여럿 등장합니다. 개인이나 가문 혹은 민족으로 나누어 대답을 찾을 수 있을 것입니다. 큰 변화를 경험한 개인 후보

군에 오른 사람이 적지 않습니다. 아담과 하와, 아브라함과 사라, 요셉, 모세, 다윗, 다니엘 등은 커다란 변화를 경험한 사람입니다. 아브라함과 사라는 적지 않은 나이에 본토 친척 아버지 집을 떠나야 했습니다. 고대사회의 사회문화 배경을 생각하면 나라를 옮기는 일이 얼마나 무겁고 힘든 변화인지 어림짐작할 수 있습니다.

요셉은 형제들에게 인신매매를 당해 애굽에 노예로 팔려 갔습니다. 그곳에서도 억울한 누명을 쓰고 옥에 갇히기도 했다가 결국, 애굽의 총리가 되었습니다. 파란만장한 삶이라고 하겠습니다. 모세는 히브리인으로 태어났다가 우여곡절 끝에 애굽의 왕자가 되었습니다. 그것도 잠시 그는 도망자 신세가 되었고, 이내 양치기로 전락했습니다. 나이 팔십이 되었을 때 모세는 그를 찾아오신 하나님의 부르심을 받아 불세출의 지도자가 되었습니다. 괜히 모세를 모티프로 한 영화가 많은 것이 아니라는 뜻입니다.

다윗도 만만치 않습니다. 다윗은 이새의 막내로 태어나 목동으로 살았습니다. 아버지 심부름 갔다가 거인 골리앗을 때려눕히고 단숨에 일약 스타로 등극했습니다. 이 사건을 시작으로 승승장구하여 사울 왕의 사위가 되었습니다. 얼마 후 다윗은 사울 왕의 미움을 받아 국가 공권력의 추격을 받는 도망자 신세로 전락했습니다. 다윗은 오랜 시간 국가의 추격을 받으면서 광야에서 지내기도 했고, 미친 척도 했고, 블레셋으로도 도망가기도 했습니다. 고통의 시간을 보낸 후 결국, 말씀대로 이스라엘의 왕이 되었습니다.

우리가 먼저 만난 다니엘도 유력한 후보입니다. 다니엘은 나라가 침략

당하고 몰락하는 것을 목격했고, 그는 포로로 끌려가 일평생 바빌로니아에서 살아야 했습니다. 바빌로니아에서 페르시아로 나라가 바뀌었지만, 그는 고국으로 돌아갈 수 없었고, 페르시아의 행정 관료로 살아야 했습니다. 그도 말로 설명하기 힘들 정도의 변화를 경험한 사람입니다.

후보군이 쟁쟁하지만, 그중에서도 가장 큰 변화를 경험한 사람을 꼽으라면 단연코 아담과 하와가 아닐까 싶습니다. 죄를 짓기 전 아담과 하와는 하나님과 친밀한 관계를 누렸습니다. 아담은 동물의 이름을 지어주었을 뿐 아니라 에덴동산에서 동산지기로 지내며 에덴동산을 경작하고 지켰습니다. 게다가 그들은 하는 일마다 뜻대로 되던 기가 막힌 삶을 살았을 것입니다. 하는 일마다 족족 뜻대로 된다는 것이 얼마나 놀라운 일인지는 굳이 설명이 필요 없을 것입니다. 이 놀라운 삶도 애교에 지나지 않습니다. 아담은 저녁이 되어 산들바람이 불 때면 동산을 거니시는 하나님을 만났고 사귀었습니다. 문자로 담아낼 수 없어서 하나님을 만났다는 말로 표현할 수밖에 없다고 생각합니다. 그 삶이 얼마나 행복하고 가슴 벅찼을지 상상하는 것조차 어렵습니다.

얼마의 시간이 흘렀을까요? 아담과 하와의 삶이 송두리째 달라졌습니다. 죄를 지은 후 아담과 하와는 하나님과의 관계가 깨졌습니다. 가슴 뛰고 설레고 벅차올랐던 동산을 거니시는 하나님의 소리가 두렵고 무서워 숨어야 했습니다. 그가 이름을 붙여주었던 동물과의 관계가 틀어진 것은 말할 것이 없고, 하는 일도 꼬일 대로 꼬였습니다. 죄를 지은 이후 밭을 갈고 씨를 뿌리면 그곳에서 뿌리지 않았던 가시와 엉겅퀴가 돋아났습니다. 일의 영역이 얼마나 왜곡되고 문제가 생겼는지를 창세기 기자는 가시와 엉겅퀴라는 시적인 언어로 갈무리했습니다. 게다가 아내 하와와의 관계도 이전과는 완전히 달라졌습니다. 서로 사랑하고 신뢰하던 관계에서 서로에게 책임을 전가하고 서로를 지배하려 드는 이상한 관계로 변하고 말았습니다.

아담과 하와의 삶에서 변하지 않고 달라지지 않은 것이 하나도 없습니다. 변화의 강도도 상상을 초월할 정도이며, 변화의 속도도 도무지 따라잡을 수 없을 정도였습니다. 그것도 좋은 쪽으로의 변화가 아니라 완전히 나쁜 쪽으로의 변화였습니다. 물론 자기 실수와 실패로 벌어진 일이지만, 이 충격적인 변화가 쉬웠을 리가 없습니다. 이런 충격적인 변화를 경험하는 아담과 하와에게 하나님께서 하신 말씀이 있습니다. 그 말씀을 묵상하면 말로 담아내기 어려운 변화 앞에서 아담과 하와가 어떤 태도를 보였을지 짐작할 수 있습니다. 이 대답이 숨어 있는 창세기 3:23 말씀을 보겠습니다.

<blockquote>여호와 하나님께서는 그를 에덴동산에서 내보내시고,

그를 취했던 그 땅을 경작하게 하셨다. (창세기 3:23, 바른 성경)</blockquote>

하나님께서 아담과 하와를 에덴동산에서 쫓아내셨다는 것과 아담이 땅을 경작하게 하셨다는 말씀입니다. 이 말씀을 하나님께서 아담과 하와에게 말씀하셨다는 쪽으로만 읽는 것은 아쉽습니다. 아담과 하와가 서 있는 곳에서 이 말씀을 읽어볼 필요가 있습니다. 죄를 범하기 전에도 아담과 하와는 땅을 경작했습니다. 죄를 저지르고 하나님의 징계를 받아 에덴동산에서 쫓겨나 이전과는 완전히 다른 세상을 살게 된 이후에도 아담과 하와는 예전과 똑같이 땅을 경작했습니다.

답답한 마음과 후회도 적지 않았을 것이 분명합니다. 일하는 과정이나 일한 후에 거두어들인 결과는 예전과는 완전히 다른 차원이 되었을 것입니다. 그런 상황에서도 아담과 하와는 마치 아무 일도 없는 것처럼 늘 해 왔던 대로 땅을 갈고 경작했습니다. 아담과 하와는 그들이 할 수 있는 일과 해야 할 일이 무엇인지 알았고 묵묵히 그 일을 했습니다. 하나님은 에덴동산에서 했던 것과 똑같은 일을 그들에게 명하셨고 그들 역시 쫓겨난 후에도 에덴동산에서 했던 일과 똑같은 일을 했다는 점을 주목해야 합니다.

에덴동산에서 쫓겨난 아담과 하와가 어떻게 살았을지 알려주는 말씀이 또 있습니다. 창세기 4:1~2 말씀을 읽고 묵상하면 에덴동산에서 쫓겨난 아담과 하와가 어떤 태도로 살았는지 엿볼 수 있습니다.

> **_아담이 자기 아내 하와와 동침하니,_**
> **_아내가 임신하여, 가인을 낳았다._**
> _하와가 말하였다. "주님의 도우심으로, 내가 남자아이를 얻었다."_
> _하와는 또 가인의 아우 아벨을 낳았다. (창세기 4:1~2, 새번역)_

아담과 하와가 에덴동산에서 쫓겨난 후 자녀를 낳았다는 말씀입니다. 부부였던 두 사람이 자녀를 낳은 것은 특별할 것이 조금도 없는 당연한 일상입니다. 동시에 우리는 이 말씀을 아담과 하와가 엄청난 변화를 경험하면서도 여전히 일상을 충실하게 살았다는 의미로 읽어낼 수 있습니다. 격

변의 시대에도 아담과 하와는 묵묵히 땅을 경작했고, 가정을 세워가는 일에 최선을 다했다는 것을 알려주는 말씀입니다.

때때로 탄식했을 것입니다. 유혹에 넘어가 저지른 실수를 곱씹으면서 후회했을 것이 분명합니다. 이전과 다른 시선으로 서로를 바라보면서 부부싸움을 했을 때도 있었을 것입니다. 말로 다 담아낼 수 없는 변화의 순간에도 이 두 사람은 포기하지 않고, 절망하지 않고 주어진 일상을 성실하게 살았습니다. 거대한 변화 속에서 충실한 일상을 살아낸 유일한 이유는 하나님과 하나님의 말씀을 향한 신뢰입니다. 아담과 하와는 하나님의 말씀을 붙들고 자기가 해야 할 일을 했고, 할 수 있는 일을 하며 충실한 일상을 살았습니다. 이것이 충격적인 변화 앞에서 아담과 하와가 보여준 태도이며, 하나님께서 그들에게 명하신 삶입니다.

나라를 잃은 백성: 절망 속에서 주어진 뜻밖의 명령

이제 이스라엘 민족으로 시선을 확대해서 살펴보고 싶습니다. 성경 기록을 보면 이스라엘 민족이 거대한 변화 앞에 섰을 때가 있었다는 것을 알 수 있습니다. 가장 대표적인 사건으로 출애굽 사건과 바빌로니아 유수 사건을 꼽을 수 있습니다. 이 두 가지 사건 중에서 더 충격적인 변화를 골라야 한다면 당연히 바빌로니아 유수 사건입니다. 참 신이신 하나님을 섬기는 하나님의 백성과 하나님의 나라가 우상을 섬기는 이방 나라에 멸망할 것이라고는 상상조차 하지 못했을 것입니다. 북이스라엘이 앗수르에 멸망한 것도 충격적이었지만, 따지자면 그들은 정통이 아니었기에 어느 정도는 수긍할 수 있었을 것입니다.

　문제는 정통이라고 자부했던 남 유다가 우상을 섬기던 바빌로니아에 의해 멸망한 것입니다. 도대체 어떻게 온 세상을 창조하시고 경영하시는 이스라엘의 하나님이 바빌로니아의 신 마르둑에게 패할 수 있는지, 도대체 어떻게 하나님의 나라가 저 우상을 숭배하는 나라에 패할 수 있는지 이해하지 못했습니다. 물론 유다가 하나님의 말씀에 불순종한 것은 사실이지만, 그렇다고 우상을 섬기는 나라에 멸망할 수는 없고 그래서도 안 된다고 생각한 것이 분명합니다. 하박국 선지자는 이 문제를 이해하지 못하고 해석하지 못해서 하나님께 탄식을 쏟았습니다. 도대체 어떻게 이럴 수 있는지 하나님 앞에 따져 묻기도 했습니다. 이 충격적인 일을 예언한 선지자가 바로 예레미야입니다.

　예레미야는 도무지 일어날 수 없다고 생각했던 일, 절대로 일어나서는 안 된다고 생각했던 일을 예언했습니다. 유다와 예루살렘 백성을 충격에 빠뜨렸던 예언의 말씀이 예레미야 27:6~7에 기록되어 있습니다. 몹시 불편했을 그 말씀을 보겠습니다.

> *이제 나는 이 천하를 나의 종인 바빌론 왕 느부갓네살에게*
> *맡기기로 하였다. 들짐승까지도 그에게 맡겨, 부리게 하였다.*
> *그 왕과 그 나라도 망할 때가 오겠지만, 모든 민족은 느부갓네살을*
> *그 아들 손자 대까지 섬겨야 한다. (예레미야 27:6~7, 공동 번역)*

　강대국 등쌀에 나라가 몹시 어려움을 겪던 때였습니다. 그런 때라면 하나님의 선지자가 나타나 나라가 어려움을 극복하고 잘 될 것이라고 예언해도 될까 말까 할 판국이 아니겠습니까? 사람들이 기대하는 바가 바로 그것 아닐까요? 예레미야는 그 모든 기대를 처참히 깨뜨리면서 유다와 예루살렘이 바빌로니아에 의해 멸망할 것과 유대 민족이 포로로 끌려가 느부갓네살과 그의 아들과 손자를 섬길 것이라고 예언했습니다. 이 예언을 들은 백성들과 지도자들은 분개했고 선지자를 예레미야를 죽이려 들었습니다. 듣기 싫은 예언이었을지 모르지만, 끝내 예레미야가 예언한 대로 유다는 바빌로니아에 멸망했고 유다 민족은 포로로 끌려가 종살이했습니다. 비록 자기네 잘못으로 나라가 멸망했지만, 하나님을 섬기던 그들이 맛보았을 충격은 말로 표현하기 어려웠음이 분명합니다.

일상으로의 귀환: 포로들에게 내려진 충격적인 지침

바빌로니아에 의해 남 유다는 역사 속에서 완전히 사라졌습니다. 페르시아가 바빌로니아를 삼킨 후에도 이스라엘은 나라를 회복하지 못했습니다. 그 시작이었던 바빌로니아 유수는 이스라엘 백성에게는 그 무엇과도 비교할 수 없는 충격과 공포였으며 전무후무한 변화의 물결이라고 해도 지나치지 않을 것입니다. 말로 표현하기 힘든 거대한 변화의 소용돌이 속에서 도대체 어떻게 살아야 할까요? 이 절망적인 상황 속에서 어떤 태도로 일해야 할까요? 나라를 빼앗기고 포로로 끌려온 상황에서 그곳 사람들과는 다른 가치로 살아가는 것이 과연 무슨 의미가 있을까요? 하나님께서 예레미야 선지자를 통해 주신 말씀에 그 대답이 있습니다.

너희는 그곳에 집을 짓고 정착하여라. 과수원도 만들고

그 열매도 따 먹어라. 너희는 장가를 들어서 아들딸을 낳고,

너희 아들들도 장가를 보내고 너희 딸들도 시집을 보내어,

그들도 아들딸을 낳도록 하여라.

너희가 그곳에서 번성하여, 줄어들지 않게 하여라.

(예레미야 29:5~6, 새번역)

보기에 따라 듣기 좋은 말씀처럼 보이기도 하고, 말도 안 되는 말씀처럼 보이기도 합니다. 말씀을 더 깊이 이해하기 위해 상상력을 발휘하면서 읽어야 합니다. 먼저 시간적인 부분을 생각해 보아야 합니다. 집을 짓고 정착하는 일은 최소 1년 이상 시간이 걸릴 것입니다. 과수원을 만들고 그 열매를 따 먹는 것은 집을 짓고 정착한 후로도 더 오랜 시간이 걸립니다. 만약 과수원에 포도나무를 심고 그 열매를 거두어 먹으려면 최소 5년에서 7년 이상의 시간이 필요했을 것입니다. 그들이 포로로 끌려갔다는 점을 생각하면 더 긴 시간이 필요했을 것입니다.

하나님께서는 거기서 멈추지 않으셨습니다. 정착하고 과수원을 만들 뿐 아니라 결혼하여 아들딸을 낳아 기르고, 아들을 장가보내고 딸을 시집보내라고 하셨습니다. 결혼하여 아들딸을 낳고 기르는 일은 과수원을 만드는 것보다 훨씬 더 긴 시간이 필요합니다. 그 아들과 딸을 결혼시켜서 자녀를 낳아 기르는 것은 일평생을 그곳에서 살아가라는 말씀입니다. 포로로 잡혀간 후 일찍 돌아올 수 없다는 뜻입니다.

이 말씀이 담고 있는 핵심은 하나님께서 그들에게 일상을 충실하게 살라고 말씀하신 것입니다. 나라를 빼앗겼고 포로로 끌려왔지만, 마치 나라가 망하지 않았고 포로로 끌려오지 않은 것처럼 집을 짓고 정착하고, 과수원을 만들고 열매를 따 먹으라고, 아무 일이 없었던 것처럼 결혼하고 아들딸을 낳아 기르라고, 아들딸을 잘 길러서 그들도 결혼시켜 자녀를 낳고 충실하게 살아가라는 말씀입니다. 하나님께서는 이 거대한 변화, 너무나 충격적인 변화를 겪은 이스라엘 백성에게 마치 아무 일도 일어나지 않은 것처럼 일상을 성실하고 충실하게 살아가라고 말씀하셨습니다.

'내가 알고 있다': 불확실성 속에서 빛나는 하나님의 약속

이 말씀이 바로 충격과 공포라는 말 외에 달리 표현할 길이 없는 거대한 변화의 물결을 앞둔 이스라엘 백성에게 주신 말씀입니다. 사람은 충격적인 일을 겪으면 좌절하거나 절망하기 쉽습니다. 정신이 나간 사람처럼 멍해질 때도 있습니다. 정신을 차린다고 해도 아무것도 손에 잡히지 않을뿐더러 아무 일도 하고 싶지 않습니다.

도무지 이해할 수 없는 일을 겪었고, 충격에서 벗어날 수 없었던 이스라엘 백성들에게 아무 일도 없었던 것처럼 일상을 충실하게 살아가라고 말씀하신 이유는 무엇일까요? 그 상황에서 이스라엘 백성이 충실한 일상을 살아가야 할 이유가 있을까요? 도대체 무엇 때문에 그 충격적인 일을 겪고도 마음을 다잡고 신실하고 성실하게 살아가야 하는 걸까요? 그 대답이 담겨 있는 11절 말씀을 다시 읽어보고 싶습니다.

비록 받아들이기 힘들고 이해하기 어려운 충격적인 변화를 만나겠지만, 좌절하거나 절망하지 말아야 할 이유가 이 말씀에 오롯이 담겨 있습니다. 하나님은 자기 백성을 향한 계획이 있으시며, 그 계획은 자기 백성에게 미래와 평안, 소망을 주는 것이라고 가르쳐주셨습니다. 비록 나라를 잃어버리고 이역만리 타국에서 포로로 살아가지만, 자기 백성을 향한 계획을 세우시고 이루실 하나님을 신뢰하면서 일상을 충실하게 살아가라는 말씀입니다.

급변하는 시대를 살아가는 것은 굳이 설명하지 않아도 쉬운 일이 아닙니다. 변화의 속도를 따라가지 못해 답답할 때가 있을 것이고, 탄식이 흘러나올 때가 있을 겁니다. 두렵기도 하고 불안이 엄습할 것입니다. 그 모든 상황을 아시는 하나님께서는 바로 그때 부르짖고 기도하면 우리 기도를 들으시겠다고 약속하셨고, 앞이 보이지 않을 때 온 맘으로 하나님을 찾고 찾으면 만나주시겠다고 말씀하셨습니다. 변화의 물결 앞에서 충격으로 앞이 보이지 않고, 정신마저 혼미할 때 하나님과 하나님의 말씀을 신뢰하고 온 맘으로 기도하면서 주어진 삶, 즉 일상을 신실하고 성실하게 잘 살아가라고 말씀하셨습니다.

모든 변화의 정점: 하나님 보좌에서 십자가까지

아담과 하와를 비롯한 아브라함, 요셉, 모세, 다윗, 다니엘은 물론 바빌로니아 유수를 경험한 이스라엘 민족이 겪은 변화의 농도와 정도와 강도는 상당합니다. 그러나 이 모든 변화를 다 합친다고 해도 예수께서 겪으신 변화에 미칠 수는 없습니다. 예수께서는 하나님의 보좌 우편에 계시다가 사람의 몸을 입고 이 땅으로 오셨습니다. 거룩하고 영광스러운 하나님 나라에서 죄로 물든 이 땅으로 오셨습니다. 예수께서 경험하신 변화는 상상할 수조차 없습니다. 이에 더하여 예수께서 십자가에 달리셨을 때 부르짖은 말은 경악할 수준입니다.

> *세 시쯤에 예수께서 큰 소리로 부르짖어 말씀하셨다.*
> *"엘리 엘리 라마 사박다니?" 그것은 "나의 하나님, 나의 하나님,*
> *어찌하여 나를 버리셨습니까?"라는 뜻이다.*
>
> *(마태복음 27:46, 새번역).*

예수께서 쏟아내신 이 말씀을 어떻게 이해해야 할지 모르겠습니다. 이런 일이 어떻게 가능한지 궁금합니다. 자세하고 정확한 내용은 차치하고서라도 예수께서 마주한 변화는 우리의 언어와 사고로 담아낼 수 있는 수준이 아닙니다. 이 거대한 변화 앞에서 예수께서는 어떻게 살아내셨습니까? 마치 아무 일도 없는 것처럼, 그 일을 위해 태어나신 것처럼 그 모든 것을 받아들이셨습니다. 예수께서는 묵묵히 일상을 살아내셨고, 해야 할 일에 성실하셨습니다. 목수의 일을 배우실 때도, 목수로 일하며 살아갈 때도, 공생애 사역에서도 예수께서는 성실하고 신실하셨습니다. 일상에서 정직하고 성실하셨으며, 탁월하셨습니다. 날마다 하나님을 바라보고 하나님을 신뢰하면서 일상을 살아내셨습니다. 힘든 순간이 왜 없으셨겠습니까? 그럴 때면 하나님 아버지께 간절히 기도하셨고, 온 맘으로 하나님을 찾으셨습니다.

요셉과 다니엘처럼: 불확실성을 통과하는 우리의 태도

우리는 앞서 요셉의 이야기, 다니엘의 이야기를 살펴보았습니다. 요셉과 다니엘은 모두 어려운 환경에 처했고, 절망적인 상황에 놓이기도 했습니다. 요셉은 가장 가까운 가족에게 배신과 버림을 받아 노예로 팔려 갔고, 억울한 누명을 쓰고 옥에 갇히기도 했습니다. 다니엘은 격동의 시기에 태어나 나라가 망하는 것을 보았고, 포로가 되어 다시는 돌아올 수 없는 곳으로 끌려가기도 했습니다. 누군가를 원망하려면 얼마든지 원망할 수 있었고, 자신의 인생을 비관하려면 누구보다 비관할만한 이유가 있었습니다. 신앙을 포기하거나 하나님을 원망하려고 했다면 얼마든지 그렇게 할 수 있었던 사람이 바로 요셉과 다니엘 이 두 사람입니다.

성경을 통해 잘 알고 있는 것처럼 요셉과 다니엘은 비관적이고 절망적인 태도를 보이지 않았습니다. 하나님과 자기 자신 혹은 다른 사람을 원망하며 살아가지 않았습니다. 신앙을 포기하지도 않았습니다. 그 어처구니없는 상황에서도 적극적인 태도를 선택했습니다. 누군가를 원망하고 비난하는 대신 그들이 처한 현재의 삶에 최선을 다했습니다. 일상에 충실했고, 적극적이며 능동적인 태도로 살았습니다.

그 말도 안 되는 상황에서도 자기 일에 성실했고 탁월했습니다. 모든 사람이 요셉이나 다니엘처럼 화려한 인생, 극적인 드라마와 같은 인생을 살아가는 것은 아닙니다. 우리의 삶은 다양하고, 우리가 처한 환경도 다양합니다. 무엇보다 우리는 각기 다른 삶으로 부름을 받았습니다. 우리는 요셉과 다니엘과는 다른 인생을 살아가게 될 것이고, 살아가야 할 것입니다. 우리가 살아내어야 할 인생 이야기는 요셉의 이야기나 다니엘의 이야기가 아니라 바로 나 자신의 이야기라는 말입니다.

그렇다고 해서 요셉과 다니엘이 살아낸 놀라운 이야기를 허비해서는 안됩니다. 하나님께서 요셉의 이야기와 다니엘의 이야기를 기록하게 하시고, 보존하셔서 우리에게 들려주신 이유와 목적을 낭비해서는 안 될 것입니다. 구체적인 삶의 방향과 내용은 다르지만, 삶을 대하는 태도에서 있어서 우리는 이 두 사람의 태도를 본받아야 합니다. 요셉과 다니엘이 그랬던 것처럼 우리는 적극적이며 긍정적이며 능동적인 태도로 살아가야 할 것입니다. 우리를 위한 계획을 세우신 하나님, 우리에게 미래와 소망을 주시려는 하나님을 신뢰하면서 우리도 저들처럼 거센 변화의 물결 앞에서도 적극적이고 긍정적이며 능동적인 태도로 살아가기를 연습하고 훈련해야 할 것입니다. 우리가 살아가야 할 일상을 충실하게 살아가려고 애써야 할 것입니다. 그것이 하나님을 신뢰하는 사람이 살아가야 할 삶의 모습이며, 하나님을 닮은 일꾼이 살아내야 할 삶일 것입니다.

무엇보다 우리는 예수를 바라보고 예수를 따르며 예수를 닮아가도록 부름을 받은 예수의 제자입니다. 예수의 뒤를 따르며 그분을 닮아간다는 것은 그분이 보이신 삶의 태도와 방향과 궤적을 닮아간다는 뜻을 담고 있습니다. 인간의 언어로 담아낼 수 없는 그 어마어마한 변화 속에서 예수는 하나님을 신뢰하고 하나님께 기도하면서 그야말로 충실하고 성실하게 일상을 살아내셨습니다. 변화를 경험할 수밖에 없는 우리에게 예수는 흔들리지 않는 푯대가 되어 주셨습니다.

우리가 살아가는 세상은 끊임없이 변합니다. 단순히 변하는 정도가 아니라 도무지 따라갈 수가 없을 만큼 무서운 속도로 변하고 있습니다. 과학기술의 발전과 기후 위기 속에서 앞으로 우리가 어떤 세상을 살아갈지 예상하기 어렵습니다. 거기에 우리 각 사람도 삶의 순간순간 변화의 갈림길에 서기도 하고, 거센 삶의 변화를 맞닥뜨리기도 합니다. 학교를 졸업하고, 이성 친구를 만나고 헤어지기도 합니다. 취직과 이직, 결혼하고 자녀를 얻기도 합니다. 종종 다른 지역으로 이사하기도 하고, 이민 가는 사람도 적지 않습니다. 뜻하지 않은 큰 질병을 만나기도 하고, 원하지 않았던 사건 사고를 만나기도 할 것입니다. 그렇습니다. 우리의 삶은 한마디로 변화의 연속입니다.

변하는 세상 속에서 우리가 어떻게 일하며, 어떤 자세로 살아가야 할지 말씀을 통해 살펴보았습니다. 때때로 도무지 받아들일 수 없고, 극복할 수 없을 것 같은 변화를 만나기도 할 것입니다. 예상하지 못한 거센 변화가 닥쳐오면 몸과 마음이 움츠러들기도 할 것입니다. 하나님은 어떤 변화를 맞닥뜨린다고 하더라도, 그 어떤 변화의 물결 앞에 선다고 해도 일상을 충실하게 살아가라고 말씀하십니다. 해야 할 일에 성실하고, 살아가는 곳에 잘 정착해서 잘 살아내라고 말씀하십니다. 하나님은 우리를 기억하시며, 우리를 향한 뜻과 계획을 세우셨을 뿐 아니라 우리에게 미래와 평안을 주실 것입니다. 급변하는 세상 속에서 살아가기란 쉽지 않겠지만, 힘들고 어려운 순간마다 하나님께 기도하면 하나님은 우리 기도를 들어주실 것이고, 온 맘으로 주를 찾으면 만나주실 것입니다.

우리에게 필요한 것은 예수께서 삶으로 가르쳐주신 하나님을 향한 신뢰와 기도입니다. 우리와 함께하시는 하나님, 우리를 향한 계획을 세우시고, 일하시며, 준비하시는 하나님을 신뢰할 때 충격적인 변화 앞에서도 우리는 충실하게 일상을 살아갈 것입니다. 우리의 기도를 들으시고, 우리에게 미래와 소망을 주기 원하시는 하나님을 신뢰할 때 어떤 일을 만나도 성실하고 신실한 삶의 태도를 잃지 않을 것입니다.

잊지 말아야 할 진리가 있습니다. 거대한 변화 앞에서 일상을 신실하게 살아간 사람을 통해 하나님의 뜻이 이루어졌고, 하나님 나라가 나타났을 뿐 아니라 예수께서 그들을 통해 이 땅에 오셨습니다. 변화의 물결 앞에서도 신실하게 살아간 저들에게서 우리는 하나님 나라를 발견하고, 그들에게서 예수 그리스도의 모습을 발견합니다. 우리도 다르지 않을 것입니다. 거대한 변화의 물결 앞에서도 하나님을 신뢰하며 일상을 신실하고 성실하게 살아갈 때 하나님은 우리를 통해 당신의 뜻과 계획을 이루실 것입니다. 우리를 통해 하나님 나라가 나타날 것이며, 우리를 통해 누군가 예수 그리스도를 발견할 것입니다. 이 소망을 붙들고 변화의 물결 앞에서도 하나님을 신뢰하면서 일터에서 가정에서 학교에서 이웃과 친구들 사이에서 일상을 신실하고 성실하게 살아갑시다.

1. 지금 당신의 일터나 미래에 대해 가장 큰 불안감을 주는 '변화의 물결'(예: 직종의 소멸, 경제적 불확실성, 건강 문제 등)은 무엇입니까? 이 큰 변화로 인한 불안감 때문에 '나는 어떤 일꾼의 태도'(예: 무기력함, 요령 피우기, 지나친 성공 집착)를 보인다고 생각하십니까?

2. 당신 삶의 가장 평범하고 반복되는 일상(예: 아침 루틴, 업무 보고서 작성, 아이들 등하교)을 '하나님께서 나에게 미래를 약속하며 맡기신 일'이라고 받아들인다면, 그 일에 대한 당신의 태도와 정성은 어떻게 달라질까요? 지금 당신이 가장 성실하게 지켜내야 할 '일상의 숙제'는 무엇입니까?

3. 당신의 현재 일터나 직업을 통해 하나님께서 '개인적인 성공' 외에 '다른 사람이나 세상'을 위해 이루고자 하시는 '선한 계획'이 있다고 믿으십니까? 그 계획이 구체적으로 무엇일 것 같으며, 그 계획에 쓰임 받는 도구가 되기 위해 당신이 지금부터 준비하고 연습해야 할 것은 무엇일까요?

4. 당신의 일터에서 신실하게 일상을 살아내는 것을 보여주는 가장 실제적인 행동 두 가지를 꼽는다면 무엇일까요?(예: 마감 시간을 철저히 지키기, 불법적인 일에 단호히 '아니오'라고 말하기, 지쳐도 동료에게 친절하게 대하기 등). 이 행동을 지속하기 위해 당신은 하나님께 어떤 도움(예: 인내, 지혜, 용기)을 구하고 싶습니까?

10장

나의 강점, 하나님의 도구: 달란트를 발견하고 활용하는 법

사울에게서는 주님의 영이 떠났고, 그 대신에 주님께서 보내신 악한 영이 사울을 괴롭혔다.

신하들이 사울에게 아뢰었다. 임금님, 하나님이 보내신 악한 영이 지금 임금님을 괴롭히고 있습니다.

임금님은 신하들에게, 수금을 잘 타는 사람을 하나 구하라고, 분부를 내려 주시기 바랍니다. 하나님이 보내신 악한 영이 임금님께 덮칠 때마다, 그가 손으로 수금을 타면, 임금님이 나으실 것입니다.

사울이 신하들에게 명령을 내렸다. 그러면 수금을 잘 타는 사람을 찾아 보고, 있으면 나에게로 데려오너라.

젊은 신하 가운데 한 사람이 대답하였다. 제가 베들레헴 사람 이새에게 그런 아들이 있는 것을 보았습니다. 그는 수금을 잘 탈 뿐만 아니라, 용사이며, 용감한 군인이며, 말도 잘하고, 외모도 좋은 사람인데다가, 주님께서 그와 함께 계십니다.

그러자 사울이 이새에게 심부름꾼들을 보내어, 양 떼를 치고 있는 그의 아들 다윗을 자기에게 보내라고 명령하였다.

이새는 곧 나귀 한 마리에, 빵과 가죽부대에 담은 포도주 한 자루와 염소 새끼 한 마리를 실어서, 자기 아들 다윗을 시켜 사울에게 보냈다.

그리하여 다윗은 사울에게 와서, 그를 섬기게 되었다. 사울은 다윗을 매우 사랑하였으며, 마침내 그를 자기의 무기를 들고 다니는 사람으로 삼았다.

사울은 이새에게 사람을 보내어 일렀다. 다윗이 나의 마음에 꼭 드니, 나의 시중을 들게 하겠다.

그리하여 하나님이 보내신 악한 영이 사울에게 내리면, 다윗이 수금을 들고 와서 손으로 탔고, 그 때마다 사울에게 내린 악한 영이 떠났고, 사울은 제정신이 들었다.

사무엘상 16:14-23, 새번역

사울은 자기의 군장비로 다윗을 무장시켜 주었다. 머리에는 놋투구를 씌워 주고, 몸에는 갑옷을 입혀 주었다.

다윗은, 허리에 사울의 칼까지 차고, 시험삼아 몇 걸음 걸어 본 다음에, 사울에게 이런 무장에는 제가 익숙하지 못합니다. 이렇게 무장을 한 채로는 걸어갈 수도 없습니다 하고는 그것을 다 벗었다. 그렇게 무장을 해 본 일이 없었기 때문이다. 그런 다음에, 다윗은 목동의 지팡이를 들고, 시냇가에서 돌 다섯 개를 골라서, 자기가 메고 다니던 목동의 도구인 주머니에 집어 넣은 다음, 자기가 쓰던 무릿매를 손에 들고, 그 블레셋 사람에게 가까이 나아갔다.

사무엘상 17:38-40, 새번역

월요일의 예배자

전매특허라는 말이 있습니다. 원래 뜻은 발명하는 일을 보호하고 장려하기 위해 정부가 발명품 판매 독점권을 허가하는 일을 뜻하는 말입니다. 우리는 이 단어를 종종 운동선수나 특별한 기능을 가진 사람이 자기 일을 특별히 잘할 때 사용합니다. 이를테면 '빠른 속도와 감아 차기는 손흥민 선수의 전매특허입니다.'와 같은 방식입니다. 운동선수들의 세계로 좁혀 보면 전매특허가 얼마나 중요한지 알 수 있습니다.

운동선수 중에서 간혹 모든 면에서 다른 사람보다 빼어난 사람이 있습니다. 야구계에서는 오타니 쇼헤이가 그렇고, 축구계에서는 리오넬 메시가 그런 부류의 사람입니다. 이 두 사람이 비정상이라고 해야 바른 말이겠지요. 일반적으로는 그렇지 않습니다. 메이저리그에서 뛰는 야구 선수나 유럽 5대 리그에서 뛰는 축구 선수라면 이미 대단히 뛰어난 선수입니다.

그중에서도 도드라지는 사람은 자기만의 전매특허, 즉 강점이 있는 사람입니다. 두루두루 잘하는 것도 좋지만, 자기만의 특별한 능력이 있는 사람이 경기에 좋은 영향을 끼칩니다. 그 능력이 특출하거나 득점과 관계가 있다면 감독은 중요한 순간에 그 선수를 기용할 것입니다. 그 특별한 능력으로 결정적인 역할을 해주길 기대하고 바라기 때문입니다. 성경에서도 전매특허로 일한 사람을 만날 수 있습니다. 가장 대표적인 인물이 바로 다윗입니다. 그의 일생을 조망하면서 강점으로 일해야 할 이유를 찾아보겠습니다.

모두가 놓쳤던 소년: 막내 다윗의 진짜 가치

현대 사회는 막둥이가 귀여움을 독차지합니다. 만약 늦둥이라면 더 말할 것이 없습니다. 고대사회에서는 어떨까요? 지금과는 분위기가 사뭇 다릅니다. 고대사회에서 막내는 주목받는 사람이 아니었습니다. 막내여서 귀여움을 받았을 수도 있겠지만, 막내에게 돌아오는 몫은 하찮은 대우라고 해도 지나치지 않습니다. 정말로 그럴까요? 정말 그렇습니다. 성경에서 그 증거를 찾을 수 있습니다.

사울 왕이 하나님께 불순종을 일삼기 시작하자 하나님은 사울 대신 다른 왕을 세우기로 작정하셨고, 사무엘 선지자에게 그 일을 명했습니다. 하나님의 명을 받은 사무엘 선지자가 베들레헴에 도착했을 때였습니다. 베들레헴 성읍 장로들은 바짝 긴장하면서 사무엘을 맞았습니다. 나라가 어수선하던 때 선지자 사무엘의 방문이 마냥 달갑지는 않았던 모양입니다. 그들은 사무엘 선지자에게 평안한 일로 방문했는지 물었습니다. 속내를 떠보려는 '정치적 멘트'가 아닐까 싶습니다. 사무엘은 평안한 일로 왔다는 말로 장로들을 안심시킨 후 함께 하나님께 제사하자고 말하면서 그 자리에 이새와 그의 아들들을 초대했습니다.

작은 도시였던 베들레헴에서 이새가 어느 정도의 위치에 있었는지는 정확히 알 수 없습니다. 만약 주목받는 사람이었다면 사무엘의 초대가 자연스러운 일일 것이고, 평범한 가문이었다면 조금은 어색한 장면일 수도 있겠지요. 어느 쪽이든 사무엘이라는 민족 지도자의 초대를 받는 것은 특별한 일임에 분명할 것입니다. 사무엘의 초대를 받은 이새는 장자 엘리

압, 둘째 아비나답, 셋째 삼마를 비롯해서 일곱째 아들까지 데리고 갔습니다. 민족의 지도자 사무엘 선지자의 초대를 받은 특별한 자리인 만큼 아들 한 명 한 명 잘 준비한 후에 데려갔을 것입니다. 그 중요한 자리에 막내 다윗은 없었습니다. 사무엘의 초대를 받은 아버지 이새와 형들이 떨리는 마음으로 사무엘 선지자 앞에 섰을 그 시각 다윗은 들에서 양을 돌보고 있었습니다.

다윗의 아버지 이새가 자체 검열로 막내 다윗을 탈락시킨 것입니다. 아버지가 자기를 부르지 않았다는 사실에 다윗이 불만을 품었다거나 서운한 마음을 가졌다는 기록이나 뉘앙스는 조금도 없습니다. 다른 아들들도 막내 다윗을 찾지 않은 것처럼 보입니다. 아마도 아버지께서 막내인 자기를 부르지 않은 일을 다윗은 당연하게 받아들였던 것 같고 형들도 같은 생각이었던 것처럼 보입니다. 다시 말해 이새가 다윗을 그 자리로 부르지 않은 것은 그가 매몰찬 사람이라거나 깜빡해서가 아니라 그 시대에 막내가 그 정도 위치였고, 그 정도 존재에 지나지 않았기 때문이 아닐까 싶습니다. 그렇습니다. 다윗은 하찮아 보이는 막내에다 하찮은 양치기 소년이었습니다.

목동의 실력: 전쟁터에서 빛을 발한 다윗의 용맹함

문득 질문이 생깁니다. '여호와는 나의 목자시니'라고 노래했던 다윗은 좋은 목동, 선한 목자였을까요? 그에 대한 대답은 당혹스럽게도 다윗이 목자로 일하며 살아가던 들판이 아니라 목숨 걸고 골리앗과 한판 대결을 벌였던 전쟁터에서 찾을 수 있습니다. 사울 왕이 이끄는 이스라엘 군대가 골리앗이 대표하는 블레셋과 전쟁할 때였습니다. 사울과 이스라엘 군사들은 블레셋의 거인 골리앗 앞에서 주눅 든 채 아무것도 못 하고 그저 벌벌 떨고 있었습니다. 키가 거의 3m에 이르고 팔뚝 근육이나 그가 휘두르는 창을 보면 누구라도 엄두가 나지 않았을 것이 분명합니다.

때마침 아버지 이새의 심부름으로 그곳에 도착한 다윗이 하나님과 하나님의 군대를 모욕하는 골리앗의 말을 들었습니다. 골리앗의 도발을 들은 어린 다윗이 분노를 참지 못하고 폭발했습니다. 모든 사람이 눈알만 굴리며 눈치 보고 있을 때 어린 다윗이 골리앗과 싸우겠다고 나선 것입니다. 그 소식이 퍼지고 퍼져서 사울 왕의 귀에 들어갔습니다. 이 소식을 들은 사울 왕은 다윗을 불렀습니다.

사울 왕 앞에 선 소년 다윗이 했던 말에 그가 어떤 목자였는지에 관한 정확한 대답이 담겨 있습니다. 사무엘상 17:34~36 말씀입니다.

> 다윗이 사울에게 말했다. "왕의 종이 제 아버지를 위해
> 양을 칠 때 사자나 곰이 와서 양 떼 중에서 새끼를 움켜가면,
> 제가 그 뒤를 따라가서 그것을 죽이고 그 입에서 건져냈으며,
> 만일 그것이 제게 덤벼들면 제가 그 수염을 잡고
> 그것을 쳐서 죽였습니다. 왕의 종이 사자나 곰도 죽였으므로
> 이 할례 없는 블레셋 사람도 그들 중 하나처럼 될 것이니,
> 그가 살아 계신 하나님의 군대를 조롱했기 때문입니다."
>
> (사무엘상 17:34~36, 바른 성경)

사울 왕 앞에 섰을 때 다윗은 아직 십 대 청소년에 지나지 않았습니다. 그가 목동으로 아버지 양을 돌보면서 사자와 곰을 쳐서 죽였던 때는 사울 왕 앞에 섰을 때보다 더 어렸을 때였습니다. 십 대 청소년이 들판에서 양을 치면서 사자와 곰을 만나면 몸을 사리거나 도망치는 것이 정상적인 행동이며 올바른 위기 대처 행동일 것입니다. 어처구니없게도 다윗은 양을 지키기 위해 사자와 곰에 맞서 싸웠고 황당하게도 사자와 곰을 때려잡았습니다. 목동 다윗이 얼마나 용맹했는지, 얼마나 책임감 있는 목자이자, 좋은 목자였는지 짐작할 수 있는 고백입니다.

양치기 소년 다윗이 들판에서 양을 지키려고 일터에서 사용한 주 무기가 바로 물맷돌이었습니다. 다윗이 일터였던 들판에서 온갖 사나운 짐승으로부터 양을 지킬 때 사용하던 물매로 골리앗에게 맞섰고, 일터에서 갈고닦은 솜씨로 골리앗을 무찔렀습니다. 여담이지만, 다윗이 골리앗과 싸울 때 시내에서 돌멩이 다섯 개를 주워갔다고 기록해 놓았습니다. 골리앗을 일격필살로 끝내버렸는데 왜 하필 다섯 개였을까요? 혹시 빗나가면 다시 던지겠다는 계산이었을까요? 골리앗을 향해 달려가면 돌을 던졌다는 것을 보면 재장전할 시간이 그리 넉넉하지 않았을 것으로 추정할 수 있습니다. 어쩌면 다른 목적이 있었을지도 모릅니다.

사무엘하 21장을 보면 골리앗의 동생 라흐미를 비롯해서 이스비브놉과 삽과 무명의 거인 한 명이 더 나옵니다. 블레셋에 거인이 5명이 있었다는 뜻입니다. 다윗이 돌멩이 다섯 개를 주워간 것은 거인 다섯 명을 차례로 다 쓰러뜨리겠다는 결연한 각오가 아니었을지 추측할 수 있습니다. 마치 저격수처럼 거인 한 명에 물맷돌 하나로 끝장내겠다는 셈이지요. 이렇게 볼 수 있다면 다윗이 얼마나 호기로운 청소년이었으며, 자기 물매 실력에 자신감이 컸다는 것을 알 수 있습니다. 그 무엇보다 하나님을 향한 다윗의 신뢰가 얼마나 단단했는지 짐작할 수 있습니다. 여기서 먼저 목동 다윗이 들판에서 일하면서 사자와 곰을 물리쳤을 뿐 아니라 골리앗을 쓰러뜨릴 때 사용한 물맷돌을 잠깐 살펴보겠습니다.

나만의 전매특허: 평범한 일터에서 갈고 닦은 탁월함

목동 다윗의 일터는 들판이었습니다. 들판은 야생이라고 불러도 손색없는 곳입니다. 다윗의 일터였던 들판(야생)은 험할 뿐 아니라 곳곳에 위험이 도사리고 있습니다. 그곳에서 일하려면 목자는 자기만의 전매특허가 있어야 합니다. 무기가 변변치 않았던 시절, 목자에게 가장 유용한 무기가 바로 물매였습입니다. 실제 고대사회에서 물맷돌은 전쟁 무기였습니다.

사사기를 보면 베냐민 지파와 나머지 지파 간의 전쟁이 나옵니다. 그때 선발된 베냐민 지파의 700명은 왼손잡이였는데 물매를 던지면 머리카락 하나도 빗나가지 않는 물맷돌 달인이었습니다(삿 20:16). 다윗이 사울 왕에게 쫓겨 도망 다닐 때 그를 찾아온 사람들이 있었습니다. 공교롭게도 그들 역시 베냐민 지파였으며 물맷돌을 잘 던지는 용맹한 군인들이었습니다(대상 12:2). 물매는 군사적으로 중요한 전쟁 무기였지만, 그렇다고 사용하기 쉬운 전쟁 도구는 아닙니다.

어릴 때부터 다윗 이야기를 들었던 저는 물매를 어떻게 던지는지 궁금했습니다. 집이 바닷가여서 돌멩이는 무수히 많았습니다. 물매를 어떻게 만드는지 몰라 돌에 줄을 묶어서 뱅뱅 돌려 던져보았습니다. 부드러운 줄에 적당한 돌을 단단히 묶어 탄력 붙여 던지면 손으로 던지는 것보다 훨씬 멀리 날아간다는 것을 알았습니다. 문제는 제구력이었습니다. 자칫 줄을 빨리 놓거나 늦게 놓으면 옆에 있는 친구들에게 돌이 날아가기도 했습니다. 정확도가 하도 떨어져서 차라리 손으로 던지는 것이 훨씬 나았습니다. 실제 물매와는 차이가 있겠지만, 다윗이 물매 던지는 일은 절대로 쉽지 않겠다고 생각한 것이 지금도 선명합니다.

양을 지키기 위해 사자나 곰, 늑대와 같은 맹수를 상대하려면 물매가 어설퍼서는 안 됩니다. 어설프게 때렸다가는 오히려 화만 돋우게 되고, 치명적인 결과를 가져올 것이 분명합니다. 일격필살의 기술이어야 합니다. 게다가 사자와 곰, 늑대는 물매로 맞춰주길 바란다는 듯 그 자리에 가만히 서서 기다려주지 않습니다. 재빠르게 움직일 뿐 아니라 낮은 자세로 몸을 숨겼을 것이며, 쏜살같이 달려들어 양을 물어가려고 했을 것입니다. 낮은 자세로 숨어 있거나 재빠르게 움직이는 짐승의 머리나 급소를 맞추려면 대단히 정교한 기술을 연마해야 합니다. 정확하게 목표물을 타격할 수 있는 실력을 쌓고 가다듬어야 합니다. 다윗이 물매 던지는 일에 능숙했다는 말은 그 일을 수없이 반복하며 연습하고 훈련했다는 뜻입니다. 자신의 일터였던 들판에서 양을 돌보고 지키는 목동의 일을 잘하려고 부지런히 익힌 물맷돌이 다윗에겐 손꼽히는 강점이 되었습니다.

세상에서 가장 천한 직업: 다윗이 보여준 일의 성실성

이제 목자라는 직업을 살펴보겠습니다. 성서 시대에 목자라는 직업은 어떤 평가를 받았을까요? 목자라는 직업은 들판에서 유유자적 노래하고, 악기를 연주하며, 평화롭게 노니는 양들을 바라보는 낭만적인 일이었을까요? 아닙니다. 목자로 사는 삶은 낭만적이지 않을 뿐더러 유유자적한 삶이 아닙니다. 목자 출신의 저자 필립 켈러의 『양과 목자』라는 책을 읽으면서 목자는 아무나 할 수 없다는 사실을 깨달았습니다. 좋은 목자가 해야 할 일은 산더미처럼 많습니다. 필립 켈러는 그 많은 일을 하려면 목자가 양을 자식처럼 사랑하지 않고서는 절대로 할 수 없다고 이야기합니다.

이스라엘 백성이 가나안 땅에 정착한 이후로 늘 떠돌아다녀야 하는 목자는 낮고 천한 직업에 속했습니다. 성서 시대에 목자라는 직업에 대한 사회인식 자체가 바닥이었다는 말입니다. 구약시대 목자라는 직업을 제대로 이해할 수 있는 장면이 있습니다. 아모스 선지자가 자기를 소개하면서 했던 말입니다. 아모스 선지자는 자신을 목자요 뽕나무를 기르는 사람이라고 말했습니다(암 7:14).

주목하지 않고 넘어가기 쉬운 말씀이지만, 아모스의 이 말은 풍자적입니다. 목자요 뽕나무 기르는 가장 낮은 사람이 북이스라엘의 가장 높은 자들에게 하나님의 말씀을 선포하는 기막힌 장면입니다. 한 줄 자기소개로 북이스라엘의 상황이 얼마나 형편없는지 보여주는 셈입니다. 이처럼 성서 시대에서조차 목자는 낮고 천한 직업에 속했습니다. 지금 우리에게 익숙한 용어로 바꾸자면 3D 직종 즉, '어렵고(Difficult)', '더럽고(Dirty)', '위험한(Dangerous)' 직업에 해당한다고 말해도 좋을 것입니다.

다윗은 기피 직종에 종사하면서 목자의 일을 더 잘하려고, 좋은 목자가 되려고 물맷돌 던지는 일을 부지런히 익히고 연습하고 훈련했습니다. 결국, 물맷돌이 다윗의 남다른 강점이 되었습니다. 다윗은 강점을 사용하여 좋은 목자, 뛰어난 목자, 선한 목자가 되었습니다. 들판에서만 사용할 것으로 생각했던 다윗의 강점이 빛을 발한 곳은 전장이었습니다. 그는 강점으로 자기 인생을 바꾼 것은 물론 위기의 이스라엘을 구했고, 그 일을 기점으로 이스라엘의 역사를 새롭게 써 내려간 입지전적인 인물이 되었습니다. 그 시작점이자 중심에 다윗의 강점인 물맷돌 던지는 일이 있었다는 것은 부인할 수 없는 사실입니다. 다윗에게서 찾을 수 있는 강점은 이것이 전부가 아닙니다.

영혼을 치유하는 음악가: 아무도 듣지 않는 곳에서 쌓은 실력

사울이 하나님께 불순종을 일삼은 이후로 악한 영이 종종 내려와 그를 괴롭혔습니다. 악한 영이 사울을 괴롭힐 때면 그는 견딜 수가 없었습니다. 몸과 마음이 피폐해졌고, 제정신이 아니었던 것 같습니다. 한마디로 거의 미친 사람이 되었다고 말해도 좋을 것입니다. 보다 못한 신하들이 악한 영이 괴롭힐 때 악기를 잘 연주하는 사람의 연주를 들으면 좀 나아질 것이라는 제안을 했습니다. 달리 방법이 없었기 때문일까요. 사울은 악기 연주 잘 하는 사람을 찾아 데려오라고 명령했습니다. 그때 신하들 가운데 한 사람이 베들레헴 사람 이새의 아들 하나를 알고 있는데 악기를 잘 연주하고, 용감하며 말도 잘하고 외모도 준수하다고 말했습니다. 그 사람이 바로 다윗입니다.

신하의 추천으로 사울 왕 앞에 서게 된 다윗은 악한 영이 사울에게 내릴 때면 악기를 가져와 연주했습니다. 다윗의 신앙 고백과 마음이 담긴 연주가 울려 퍼지면 놀랍게도 악한 영은 떠나갔고 사울은 몸과 마음이 회복되었습니다. 다윗이 음악으로 사울을 온전하게 한 것이 음악치료 역사에서 가장 오래된 기록으로 알려져 있습니다. 그 정도로 다윗이 상당한 수준의 악기 연주자였다는 것을 알려주는 말씀이기도 합니다. 다윗의 이 강점 역시 그의 일터였던 들판에서 피어난 꽃이요 열매입니다.

시편을 보면 다윗이 자기를 소개하는 말씀이 있습니다. 다윗이 자기를 어떤 사람으로 이해했는지 보여주는 말씀이기도 합니다.

이것은 다윗의 마지막 말입니다. 이새의 아들 다윗이 말했습니다.
하나님께서 높여 주신 그 사람, 야곱의 하나님이 기름 부으신 그 사람,
이스라엘의 아름다운 노래를 부르는 사람의 말입니다.
(사무엘하 23:1, 우리말 성경)

성경 번역에 따라 이 구절을 노래 잘하는 사람, 아름다운 시를 읊는 사람, 시인 등으로 다양하게 번역합니다. 번역은 다양하지만, 이 구절이 보여주는 다윗의 자기 인식은 더없이 분명합니다. 그는 자신이 음악에 뛰어난 사람이라는 것을 알고 있었습니다. 다윗은 자타공인 음악에 탁월한 사람이었습니다. 그는 시를 짓는 일에도 능숙했고, 노래도 잘 불렀을 뿐 아니라 악기 연주도 뛰어난 사람이었습니다. 목동으로 일하면서 일터에서 갈고 닦은 강점이 왕이 된 이후에도 빛을 발한 셈입니다.

한때 우리나라에서는 '음악'하는 사람을 낮잡아 '딴따라'라고 불렀습니다. 유럽은 좀 나을 수도 있지 않을까 싶지만, 그렇지 않습니다. 중세시대에도 음악가는 사회 지위가 낮은 쪽에 속했습니다. 궁중 음악가로 발탁된다면 모를까 그 외에 모든 음악가는 먹고살기가 만만치 않았습니다. 영화 아마데우스만 보아도 하늘이 내린 천재 작가인 모차르트의 삶 역시 어려웠다는 것을 알 수 있습니다. 성경에서 음악가가 어떤 대우를 받았는지에 관한 기록은 찾아볼 수 없지만, 사회인식이 좋은 직업이었다고 보긴 어려울 것입니다.

다윗은 음악가였습니다. 게다가 다윗은 사람 한 명 찾아보기 어려운 들판에서 양을 돌보면서 노래하고 악기를 연주했을 것입니다. 누군가가 들어줄 것이라고, 누군가의 앞에서 연주하리라고는 생각하지 않았을 겁니다. 왕실에 들어가 사울 왕 앞에서 악기를 연주하게 될 것이라고는 상상도 하지 못했을 것이 분명합니다. 다윗은 누군가를 위해 시를 쓰고 연주하고 노래 부른 것이 아니라, 일하던 곳에서 시간을 더 알차게 보내려고 시작한 일이었을 겁니다. 듣는 이가 있다면 오직 한 분 하나님이셨고, 다른 청중이 있다면 그가 돌보는 양 떼였을 것입니다. 다윗이 시를 쓰고 노래를 부르고 악기를 연주한 것은 일터에서 하나님을 찬양하기 위함이었습니다.

다른 한 가지 의미를 더 찾자면 자기가 돌보는 양들을 더 잘 돌보기 위함이었을 것이고, 자기 삶을 의미 있게 하려고 시작한 작은 일이었을 것입니다. 그렇게 시작한 일이 한 달 두 달, 한 해 두 해 시간이 가면서 실력이 쌓이고 쌓여 탁월하게 시를 쓰고, 노래를 부르고, 악기를 연주하는 음악가가 된 것입니다. 음악가로 대성하겠다는 마음이 아니라 일터에서 일을 더 잘하고, 하나님을 더 잘 섬기려고 시작한 이 작은 일이 어느새 다윗의 강점이 되었고, 다윗만의 매력이 되었으며, 다윗의 전매특허가 된 것입니다.

다윗은 자신의 일터였던 들판에서 양을 지키기 위해 갈고닦았던 물매 던지는 일과 그 시간을 충실하게 보내려고 시작한 시를 짓고 노래하고 악기 연주하는 일이 자기만의 강점이 되리라고는 생각하지 못했을 것입니다. 무엇보다 그 일로 골리앗을 물리치고 사울 왕을 치료하고 섬기게 되리라고는 꿈에도 몰랐을 것입니다. 반복해서 말씀드리지만, 일터에서 좋은 목자가 되려고 시작한 일이었고 시간을 의미 있게 보내려고 시작한 일이었을 겁니다.

일터에서 갈고닦고 쌓은 작고 소소한 일들이 다윗의 강점이 되었고, 다윗이 누구인지 알려주는 표지판이 되었습니다. 다윗의 일생을 조망하면 그는 어릴 때부터 강점으로 일한 사람이라는 것을 발견할 수 있습니다. 게다가 다윗의 남다른 강점은 그가 목동으로 일하던 일터에서 태어나고 자라고 발전한 강점이라는 것을 알 수 있습니다. 그렇습니다. 다윗은 작고 소소하지만, 강점으로 일하는 것이 무엇인지 보여주는 사람입니다. 다윗이 강점으로 일한 사람이라는 사실에는 놀라운 은혜가 숨어 있습니다.

약점이 아닌 강점을 보시는 하나님: 우리의 허물보다 큰 은혜

하나님을 생각할 때마다 한쪽 눈을 감고 계신 분이 아닌가 싶을 때가 종종 있습니다. 한눈에 보기에도 흠결이 많고, 약점과 문제점이 도드라지는 사람이 있습니다. 저 사람은 절대로 하나님의 일에 쓰임 받을 수 없겠다 싶은 생각이 절로 드는 사람이 있습니다. 한쪽 눈을 감으신 하나님은 그의 약점과 문제와 커다란 흠결은 하나도 보지 않으시고, 오히려 그가 가진 작은 강점 하나만 보시는 것 같습니다. 성경에 등장한 인물들의 면면을 살펴보면 정말로 그렇습니다. 하나님은 아브라함의 우유부단함이 아니라 그의 순종에 초점을 맞추셨습니다. 야곱의 약삭빠름이 아니라 그의 끈기에 매료된 것처럼 보입니다. 어눌하고 시원찮았던 모세의 말이 아니라 민족을 향한 애끓는 마음에 시력을 맞추셨습니다. 베드로의 실패와 실수가 아니라 투박한 그의 진심에 마음을 쏟으셨고, 바울의 일그러지고 삐뚤어진 사상과 신앙이 아니라 그의 열정에 집착하셨습니다.

우리가 주목한 다윗은 더 말할 것이 없습니다. 그는 흠결이 적지 않습니다. 그가 실패한 일과 그의 허물을 찾아내려고 마음먹으면 누구라도 치명적인 실패와 여러 가지 약점과 허물을 얼마든지 찾아낼 것입니다. 하나님은 다윗의 흠과 문제와 약점이 아니라 그의 강점에 시력을 맞추셨고, 그의 강점으로 역사를 쓰셨습니다. 다윗은 그의 많은 허물과 약점, 실패와 실수 때문에 오히려 약점이 아니라 강점을 통해 일하시는 하나님을 보여 주는 증인이 되었습니다. 기막힌 반전이자, 하나님의 놀라운 은혜를 보여 준 사람이라 하겠습니다.

나의 작은 강점이 하나님의 도구가 될 때: 삶의 모든 순간이 예배

이 시대를 사는 많은 사람이 강점이 아니라 약점에 초점을 맞추는 것처럼 보입니다. 자기 자신은 물론 다른 사람을 볼 때 무엇을 잘하는지, 무엇에 관심이 있는지, 무엇을 연습하고 훈련하며 발전시켜서 강점을 만들어야 할지에 초점을 맞추지 않습니다. 오히려 무엇을 못 하는지, 무엇을 가지지 못 했는지, 무슨 약점이 있고 어떤 흠결이 있는지에 초점을 맞춥니다. 이래서 안 되고 저래서 못 한다고 생각하고 말합니다.

오롯이 약점에 초점을 맞추거나 무엇이든 다 잘해야 한다는 생각은 지나친 교만입니다. 하나님은 다윗의 흠결과 출신 배경과 가지지 못한 것이 아니라 물매 던지는 그 작은 일, 악기 연주하는 일에 초점 맞추셨습니다. 물맷돌 좀 던지는 것이 뭐가 그리 대단한 일이겠습니까? 그러나 하나님은 다윗의 그 작은 강점 하나로 골리앗을 물리쳐 이스라엘을 구원하셨습니다. 시를 짓고 노래하고 악기 연주 조금 하는 것이 뭐가 그리 대수겠습니까? 그러나 하나님은 다윗의 그 강점으로 사울 왕을 섬기고 치료하는 데 사용하셨습니다. 하나님께서 약점이 아니라 강점에 초점을 맞추신다면 우리도 자신과 다른 사람을 바라볼 때 약점이 아니라 강점을 주목해야 할 것입니다.

내가 살아가는 곳, 내가 속한 일터에서 그 일을 더 잘하기 위해 할 수 있는 일은 무엇이 있을지 적극적으로 생각해 봅시다. 그 일을 발견하면 아무리 작고 소소해 보인다고 해도 연습하고 훈련하면서 그것을 자기만의 강점으로 만들어 갑시다. 다음 세대에 속하는 사람이라면 부지런히 몸과 마음을 단련하고, 지성을 연마합시다. 내가 좋아하는 것이 무엇인지, 관심 있는 것이 무엇인지 잘하는 것이 무엇인지, 자신을 자세하게 살펴봅시다. 하나님께서 언제 어떻게 사용하실지 누구도 장담할 수 없다는 사실을 기억하면서 마음이 가고 좋아하는 것을 가볍게 여기지 말고 연습하고 훈련하면서 자기만의 강점으로 만들어 갑시다.

어른들은 그간 일터에서 쌓은 경험과 경력을 가볍게 여기지 말아야 할 것입니다. 삶의 경험과 지혜는 억만금을 주고도 살 수 없는 소중한 자산입니다. 취미로 시작한 일이 있습니까? 직장 일을 더 잘하기 위해 시작한 일이 있습니까? 삶을 조금 더 풍요롭게 하려고 시작한 일이 있습니까? 그것이 무엇이든 별 것 아니라고 무시하거나 가볍게 여겨서는 안 될 것입니다. 직장에서 다진 추진력과 판단력, 맛있는 음식을 만드는 실력, 사진을 찍고 영상을 만드는 능력, 악기를 다루는 재능, 재밌는 이야기로 주변 사람의 마음을 따뜻하게 하는 힘, 누군가의 말에 귀 기울이는 태도, 다른 사람을 잘 돕는 넉넉한 마음, 좋은 글을 쓰는 능력 등 무엇이든 좋습니다. 그것이 바로 우리가 일터에서 쌓아 올린 자기만의 강점이며 그것으로 하나님과 이웃을 얼마든지 섬길 수 있고 또, 섬겨야 합니다.

다윗처럼 강점으로 일하며 살아갑시다. 내가 가진 강점이라는 것이 고작 물매 던지는 것처럼, 듣는 이 없는 곳에서 혼자 악기를 연주하고 노래하는 일처럼 사소해 보일지도 모릅니다. 괜찮습니다. 하나님은 바로 그 소소해 보이는 강점에 주목하시고, 그 강점으로 우리를 사용하실 것입니다. 강점으로 일할 때 가장 먼저 우리 삶이 풍요로워질 것이며, 한 걸음 더 나아가 누군가의 삶을 윤택하게 할 것입니다. 어쩌면 다윗처럼 누군가를 치료하고 고통에서 건져내며 생명을 살릴지도 모를 일입니다. 무엇보다 하나님은 우리의 강점을 통해 이 시대와 세상을 향한 하나님의 뜻과 계획을 이루어가실 것입니다. 일터에서, 학교에서, 가정에서, 그리고 교회에서 우리 각 사람이 가진 강점으로 일하면서 하나님과 이웃을 섬기는 매력적인 그리스도인으로 살아갑시다.

더 깊은 묵상을 위한 나눔 질문

1. 당신의 현재 일터나 가정, 학교 등 일상에서 '남들보다 조금 더 잘하거나, 꾸준히 노력해서 얻은 나만의 기술이나 능력'은 무엇입니까?(크고 거창하지 않아도 됩니다. 예: 꼼꼼한 정리 능력, 사람의 말을 잘 들어주는 능력, 효율적인 시간 관리 등). 이 강점을 '물맷돌'이라 부른다면, 이 물맷돌은 지금 누구를 돕거나 어떤 문제를 해결하는 데 쓰이고 있습니까?

2. 누군가에게 보여주기 위해서'가 아니라, '일을 더 잘하거나, 시간을 의미 있게 보내기 위해' 혼자서 꾸준히 해오거나 좋아하는 일(취미, 공부, 습관)은 무엇입니까? 이 일이 미래에 하나님께서 당신을 사용하실 통로가 될 수 있다면, 이 일에 더욱 정성을 쏟아 갈고닦을 구체적인 계획은 무엇입니까?

3. 주변 사람들이 당신에게 '너는 이 점이 참 좋다', '이런 일은 네가 참 잘한다'라고 자주 말하는 강점이 있습니까? 만약 당신이 가진 약점 때문에 자신을 비관하고 있다면, 그 약점 대신 하나님이 주목하시는 '나의 강점' 하나를 붙들고 '이것으로 하나님을 기쁘시게 하겠다'고 결단할 때, 당신의 자존감과 일하는 태도는 어떻게 변화할까요?

4. 지금 내가 가진 가장 큰 강점이나 기술을 가지고, '돈이나 승진'을 위한 일이 아닌 '하나님과 이웃을 섬기는 일'에 하루에 10분이라도 사용할 수 있다면, 그 10분의 시간을 위해 당신은 무엇을 시도해 볼 수 있을까요?(예: 글쓰기 강점으로 다른 사람의 보고서와 페이퍼 다듬어주기, 정리 강점으로 지친 동료 책상 정리 돕기 등)

5부

하나님 나라의 일꾼으로 살아가기

11장

하나님 나라의 역설:
성공이 아닌 충성을 택할 때

그래서 예수께서는 그들을 곁에 불러 놓고, 그들에게 말씀하셨다. 너희가 아는 대로, 이방 사람들을 다스린다고 자처하는 사람들은, 백성들을 마구 내리누르고, 고관들은 백성들에게 세도를 부린다.

그러나 너희끼리는 그렇게 해서는 안 된다. 너희 가운데서 누구든지 위대하게 되고자 하는 사람은 너희를 섬기는 사람이 되어야 하고,

너희 가운데서 누구든지 으뜸이 되고자 하는 사람은 모든 사람의 종이 되어야 한다.

인자는 섬김을 받으러 온 것이 아니라 섬기러 왔으며, 많은 사람을 구원하기 위하여 치를 몸값으로 자기 목숨을 내주러 왔다.

마가복음 10:42-45, 새번역

고대사회는 뚜렷한 신분 제도 위에 사회를 건설했고 신분 제도로 사회를 유지했던 세상입니다. 지배 계층으로는 왕족과 귀족이 있고, 피지배계층으로 평민과 노예, 혹은 종이 있었습니다. 계층 간의 이동은 거의 일어나지 않았다고 보아도 좋습니다. 피지배계층에서 지배 계층으로 올라가기란 하늘의 별 따기였습니다. 귀족과 평민, 혹은 귀족과 노예가 결혼하면 평민이나 노예의 신분이 상승하는 것이 아니라 귀족이 신분을 잃어버리는 쪽이었습니다. 이와 같은 구조로 지배 세력을 견고하게 하고, 지배 계층에게 유리한 쪽으로 세상을 만들었습니다.

신분 제도가 고대사회의 전유물이라고 생각해서는 안 됩니다. 지금도 신분 제도는 여전합니다. 가장 대표적인 나라와 신분 제도를 꼽자면 단연코 인도의 카스트 제도입니다. 카스트 제도는 크게 바르나(네 계층)와 자티(수천 개의 하위 계층)로 나뉩니다. 네 계층 중 최상위는 '브라만'으로 성직자 계층이며 그 아래 통치자 계층인 '크샤트리아'입니다. 그 아래가 '바이샤'라 불리는 상인 계층이 있고, '수드라'라고 불리는 노동자 계층은 그 아래에 있습니다.

이것이 전부가 아닙니다. 카스트 제도에는 '달리트'라는 이름의 불가촉천민과 '아디바시'라는 이름의 부족민이 있는데요. 이들은 이 체계 밖에 있는 밑바닥 중 밑바닥에 해당하는 계층입니다. 지금은 법적으로 신분 간의 차별을 금지하지만, 카스트 제도는 인도의 사회와 문화에 깊이 뿌리박혀 있어서 영향력은 여전합니다.

남의 나라만 그런 것은 아닙니다. 우리나라도 다르지 않습니다. 과거

조선 시대를 생각해 보십시오. 조선 시대 역시 철저한 계급 사회였습니다. 양반이 있었고 주로 기술직에 종사하는 중인이 있었습니다. 농업, 상업, 수공업에 종사하는 상민이 있었으며, 노비, 백정, 광대 등 최하층에는 천민이 있었습니다. 신분으로 인한 차별은 현대를 살아가는 우리가 생각하고 상상하는 것보다 훨씬 심각했습니다. 홍길동만 해도 '얼자[1]'라는 이유로 아버지를 아버지라, 형을 형이라 부르지도 못했습니다. 하물며 종은 더 말할 것도 없습니다.

조금 더 현실적인 질문을 던져보고 싶습니다. 지금 우리가 사는 21세기 대한민국에는 신분 제도가 없을까요? 아닙니다. 법 앞에 모든 사람이 평등하다고 말하지만, 실제로 세상이 돌아가는 방식은 전혀 그렇지 않습니다. 유전무죄, 무전유죄라는 말이나 금수저 흙수저라는 말이 버젓이 통용되는 세상입니다. 실제 우리 사회 구성원들은 상류사회 혹은 고위층이란 말과 중산층 혹은 서민층이라는 단어를 일상적으로 사용합니다. 고위공직자라는 말과 말단 공무원이라는 단어 역시 아무 거리낌 없이 사용합니다. 더욱 당혹스러운 것은 신분을 나누는 결정적인 요소가 재산의 소유 정도라는 점입니다. 기가 찰 노릇이지요. 지금 21세기 대한민국에도 나름의 신분 제도가 있다는 것을 알 수 있습니다.

---

1) 얼자는 양반 남성이 천민 출신의 첩에게서 얻은 아들을 의미하는 단어로 서자보다 낮은 신분입니다.

뒤집힌 세상의 가치: 섬김은 낮은 자의 몫이라는 편견

간단하게 살펴보았지만, 동서고금을 막론하고 신분 제도는 존재한다고 보아도 좋을 것입니다. 서두에 신분 제도를 말씀드린 데는 이유가 있습니다. 과거에도 지금에도 육체노동은 대부분 신분이 높은 사람이 아니라 신분이 낮은 사람의 몫입니다. 직선적으로 이야기하자면 일은 높은 사람이 아니라 낮은 사람에게 속했습니다. 누군가를 섬기는 일 역시 말할 필요조차 없을 정도로 오롯이 신분이 낮은 사람의 차지입니다. 우리나라 사회문화 속에는 장유유서나 연공서열과 같은 유교 문화와 사상이 짙게 남아 있습니다. 낮은 사람이 높은 사람을, 아랫사람이 윗사람 섬기는 것이 우리가 살아가는 사회의 DNA라고 말해도 지나치지 않을 것 같습니다.

잠깐 저의 푸념을 늘어놓겠습니다. 저는 3남 1녀 중 막내로 태어났습니다. 자라면서 집안의 모든 심부름은 막내인 저의 몫으로 돌아왔습니다. 할머니, 부모님은 물론 저보다 열 살이나 더 많았던 큰형님과 여덟 살 많았던 작은 형님까지 누나를 제외한 모든 가족이 저에게 심부름을 시켰습니다. 이것은 시작에 지나지 않습니다. 대학에 입학했더니 현역으로 입학한 남자는 5명이 고작이었고 나머지는 모조리 재수, 삼수, 사수, 장수생이었습니다. 연공서열과 장유유서 문화는 기독교 대학에서도 무자비한 힘을 발휘했습니다. 당연히 궂은일이나 잔심부름은 막내들의 몫이었습니다.

신학대학원에 입학하니 상황은 더 나빴습니다. 입학해서 동기들을 만나 보니 대다수가 형님들이었습니다. 기본적으로 두세 살은 많았고, 심지어 스무 살 차이가 나는 분들도 계셨습니다. 당연히 모든 잔일과 잡일은 막내들의 몫으로 돌아왔습니다. 지금도 동기 목사님들을 만나면 여전히 저는 막냅니다. 은퇴한 후로도 저는 동기 목사님들 사이에서는 막내일 것입니다. 잔심부름은 제 몫일 것이란 뜻입니다. 이것이 저만의 일은 아닙니다. 우스갯소리로 시골 노인정에 가면 70을 훌쩍 넘긴 '김 영감'이 커피를 탄다는 말이 있습니다. 막내라는 이유 하나로 말입니다.

정도의 차는 있겠지만, 우리가 살아가는 세상에서 섬기는 일은 낮은 자의 몫입니다. 여기서 말하는 낮은 자의 범위는 넓고 다양합니다. 가정에서는 실권을 잡지 못한 사람이 낮은 자입니다. 요즘은 주로 아내가 실권을 잡고 있습니다(가여운 남편들이여!). 연공서열 문화가 강한 곳에서는 나이 적은 사람이 낮은 자입니다. 직장에서는 직급이 낮은 사람이 낮은 자이고, 학교에서는 학생과 후배가 낮은 자입니다. 요즘은 선생님이 낮은 사람이 된 것처럼 보이기도 합니다. 우리가 살아가는 시대 문화에 비추어 본다면 돈 없는 사람, 못 배운 사람, 키 작은 사람, 못생긴 사람도 낮은 자에 속할 것입니다. 고대 성서 시대는 더 말할 것이 없습니다. 그들의 시대 배경을 간략하게 살펴보겠습니다.

예수 시대의 아이러니: 로마를 미워하며 로마를 닮아가던 사람들

구약 성경에 등장하는 대표적인 국가와 제국을 꼽으라고 한다면 애굽, 아시리아, 바빌로니아, 페르시아 정도입니다. 출애굽 시대를 보면 애굽의 파라오가 군림하며 낮은 사람들의 섬김을 받았습니다. 자세하게 기록되어 있진 않지만, 아시리아나 바빌로니아, 페르시아 역시 다르지 않습니다. 왕들과 고관대작들로 표현할 수 있는 크고 높은 사람들은 누구든지 언제든지 낮은 사람의 섬김을 받았습니다. 굳이 따져보고 살펴보지 않아도 왕들이나 고관대작들은 육체노동, 다시 말해 일을 하지 않았을 것이 분명합니다. 구약시대 배경에서 볼 때 일은 신분이 낮은 아랫것들의 몫이었습니다.

신약 시대도 다르지 않습니다. 예수께서 이 땅을 거니시던 때는 로마 시대였습니다. 앞서 말씀드린 것처럼 로마 시대는 철저한 계급 사회, 신분 사회였습니다. 황제와 귀족들이 군림하고 섬김을 받고 노예는 그들을 섬기기에 여념이 없었을 것입니다. 로마의 지배를 받았던 유대 사회를 주목하면 우습고도 슬픈 사실을 발견할 수 있습니다. 바빌로니아에게 멸망한 이후로 유대인들은 나라를 회복하지 못했습니다. 바빌로니아에서 페르시아로, 페르시아에서 헬라로, 헬라에서 로마로 주인이 바뀌었을 따름입니다. 하스몬 왕조 때 약 100년 정도 나라를 회복한 것이 전부입니다.

그들이 얼마나 독립을 원했을지 짐작할 수 있습니다. 오랜 시간 지배받으며 살았던 유대인들은 지배국 로마와 로마인을 싫어했습니다. 유대인들은 성경이 약속한 메시아가 와서 새로운 나라를 세우고 로마를 뒤집어버릴 날만을 손꼽아 기다렸습니다. 정말로 황당한 것은 이런 상황에서도 그들이 로마의 문화를 그대로 받아들였다는 점입니다.

로마 상류층 사람은 비스듬히 누워서 식사했는데요. 당연히 신분이 낮은 종이나 노예가 신분이 높은 사람의 식사 시중을 들었습니다. 유대인 역시 그들이 그렇게나 싫어하고 증오하던 로마의 식사문화를 고스란히 가져와 비스듬히 누워서 식사했습니다. 식사 시중드는 사람은 당연히 신분이 낮은 종이나 노예였습니다. 온 세상이 그렇게 돌아간다면 누구라도 높은 사람이 되어 식사 시중받으려 하지, 식사 시중들어야 하는 낮은 사람이 되고 싶지 않았을 것입니다. 구약 시대나 신약 시대 할 것 없이 세속 가치가 지배하고 있었습니다.

누가 가장 큰가?: 주님 앞에서도 서열을 다투던 제자들

다른 질문이 생깁니다. 세상은 그렇다고 해도 예수의 제자 공동체는 다르지 않았을까? 라는 질문입니다. 과연 그럴까요? 안타깝게도 예수의 제자 공동체도 조금도 다르지 않습니다. 오히려 더 집요했다고 말해야 할 것입니다. 성경에는 예수의 제자들 사이에서 누가 더 큰 사람인가? 라는 문제로 다툰 일이 두 번 기록되어 있습니다. 제자들 사이에서 누가 더 큰 사람인가로 다툼이 일어난 시간과 장소를 꼼꼼히 따져보면 기록된 것이 두 번이지 실제로는 훨씬 더 많았고, 훨씬 더 심각했을 것이란 생각을 떨치기 어렵습니다. 그만큼 충격적입니다. 그 충격적인 말씀을 읽어보겠습니다.

이 다툼의 시간과 장소 배경을 따져볼 필요가 있습니다. 제자들 사이에 이 다툼이 일어났을 때는 예수께서 예루살렘에 입성하기 직전입니다. 이 다툼이 일어난 이유는 세배대의 두 아들 야고보와 요한이 주의 오른편과 왼편 자리를 요청했기 때문입니다.

마태는 이 사건을 조금 더 자세하게 기록해 놓았는데요. 마태복음을 보면 등장인물이 한 명 더 있습니다. 바로 야고보와 요한의 어머니입니다. 원조 치맛바람이 아닐까 싶은데요. 야고보와 요한의 어머니가 치맛바람 휘날리며 예수를 찾아와 무릎을 꿇고 야고보와 요한에게 오른편과 왼편 자리를 간청하는 기막힌 장면이 나옵니다. 어머니까지 대동해서 선수를 친 야고보와 요한에게 다른 제자들은 분개했고, 이 일로 다툼이 일어났습니다. 그때 예수께서 제자들을 불러모아 이 말씀으로 너희는 세상과는 달라야 한다고 가르쳐 주셨습니다.

예수의 가르침을 받고 마음에 깨달아 더는 같은 문제로 다툼이 없었다면 얼마나 좋았을까요? 현실은 전혀 그렇지 않습니다. 이제 다른 시간 다른 장소에서 일어난 사건을 살펴보겠습니다. 두 번째 사건이 일어난 때와 장소를 생각하면 상태가 훨씬 심각하다는 것을 알 수 있습니다. 누가복음 22:24~25 말씀입니다.

또다시 같은 문제로 제자들 사이에서 심한 말다툼이 생겼습니다. 이 다툼이 일어난 장소와 시간이 정말 충격적입니다. 이때는 주께서 잡히시기 직전 목요일 밤이었고 장소는 마지막 유월절 만찬을 먹는 자리였습니다. 요한복음 13장을 보면 제자들의 마음 상태를 적나라하게 알 수 있습니다. 그들이 서로 다툰 그날 그 자리에서 식사하시기 전 예수께서 제자들의 발을 씻기셨다는 충격적인 사실을 알 수 있습니다(요 13:4~5). 가장 낮은 종들조차 꺼렸던 일을 예수께서 하신 것입니다. 그 시간 그 장소에서 이런 다툼이 있었던 겁니다. 기가 막힐 수밖에 없는 이유입니다.

정리해 볼까요? 예수께서 잡히시기 전날 밤입니다. 이제 유월절 식사가 끝나면 예수께서 잡히시고 해가 뜨면 십자가에 못 박혀 죽을 것입니다. 그 장소는 예수와 함께 먹는 마지막 유월절 만찬 자리였습니다. 게다가 식사하기 전 예수께서 가장 낮은 종들이나 하던 일, 즉 제자들의 냄새나고 더러운 발까지 씻겨주신 자리입니다. 그곳에서 제자들 사이에서 누가 크냐는 다툼이 생겼습니다. 정말 징글징글할 정도입니다.

조급한 마음이 낳은 다툼: 헛된 영광을 꿈꾸던 제자들

도대체 왜 그랬을까요? 제자들이 이렇게까지 해야 했던 이유가 있을까요? 있습니다. 그들의 마음이 조급했기 때문입니다. 왜 그들의 마음이 조급했는지는 쉽게 발견할 수 있습니다. 그들이 누가 크냐의 문제로 말다툼을 한 날은 목요일 유월절 식사 자리였습니다. 나흘 전은 지금 우리가 종려 주일로 지키는 주일로 예수께서 예루살렘에 입성하신 날입니다. 그날 무슨 일이 있었습니까? 예루살렘 사람들이 종려나무 가지를 꺾어 들고나와서 '호산나 다윗의 자손이여'라고 소리를 질렀습니다. 예루살렘 사람들이 예수야말로 이스라엘을 구원할 메시아라고 선포한 것과 같습니다. 예수께서 한마디만 하시면 생명을 걸고 로마에 맞서 싸울 태세였다고 말해도 좋을 것입니다.

분위기가 이쯤 되었으니 제자들의 머릿속에 어떤 생각이 가득했을까요? 이제 곧 예수께서 새로운 나라를 세우고 로마를 몰아내실 것이라는 생각이 그들의 머리와 온 마음을 가득 채웠을 것입니다. 모든 것을 버리고 예수를 따랐던 그 결과를 손에 쥘 시간이 얼마 남지 않았다고 생각했겠지요. 새로운 나라에서 더 큰 사람이 더 높은 자리에 올라갈 것이고, 더 큰 권세를 얻을 것이며, 섬김받을 것입니다. 그날과 그 시간이 눈앞에 왔

 월요일의 예배자

으니 당연히 제자들 사이에서 누가 더 큰 사람인지 담판을 지어야 한다는 생각이 팽배했을 것이 분명합니다. 상황이 긴박하게 돌아가면서 제자들은 너 나 할 것 없이 마음이 조급해졌습니다. 마음이 조급해지니 그 시간과 그 장소가 어떤 의미인지 생각해 볼 여유가 없었을 것입니다. 그들은 그 뜻깊고 중요한 자리에서 서열 정리에 정신이 없었고, 결국 그곳에서 다투기 시작했던 것입니다.

뒤집어진 나라의 영성: 가장 높은 분이 가장 낮은 자로 오시다

얼마 지나지 않으면 예수께서는 잡히시고 십자가에 달려 죽을 것입니다. 이 사실을 알고 계신 예수의 마음은 견디기 힘들 정도로 복잡하고 어려우셨을 텐데, 마음 나누고픈 제자들은 그 시간에 말도 안 되는 일로 다투고 있었습니다. 예수의 속이, 속이 아니셨을 것이 분명합니다. 그 상황에서 예수께서는 하나님 나라가 어떤 나라인지 자세하게 알려주셨습니다. 예수께서는 하나님 나라에서 큰 자는 섬기는 사람이고, 하나님 나라에서 첫째가는 자는 모든 사람의 종이 되어야 한다고 말씀하셨습니다. 누가는 하나님 나라에서 큰 자는 식탁에서 시중드는 사람이라고 기록해 놓았습니다(눅 22:27). 하나님 나라는 세상의 가치와는 정반대인 나라입니다. 세상의 관점에서 보자면 하나님 나라는 거꾸로 뒤집힌(Upside down) 나라, 그야말로 낯설고도 이상한 나라입니다.

말만 번드르르하게 하면서 행동과 삶은 정반대인 사람이 있습니다. 우리는 그런 사람을 '밥맛'이라 부릅니다. 젊은이들의 언어를 빌리자면 '재수 없는 사람'일 것이고, 성경적 용어로 바꾸어 본다면 '페르소나', 즉 가면을 쓴 '위선자'라고 할 것입니다. 하나님 나라에서 가장 큰 사람은 어린아이와 같고, 다스리는 사람이 섬기는 사람이라고 말씀하신 예수는 과연 어떨까요? 마가복음 10:45 말씀을 보겠습니다.

> *인자가 온 것은 섬김을 받으려 함이 아니라 도리어 섬기려 하고*
>
> *자기 목숨을 많은 사람의 대속물로 주려 함이니라.*
>
> *(마가복음 10:45, 새번역)*

제자들 사이에서 누가 큰 사람인가 하는 문제로 첫 번째 다툼이 있었을 때 예수께서 가르치신 말씀의 결론입니다. 예수께서는 섬기기 위해 이 땅에 오셨다고 말씀하셨습니다. 가장 높으신 하나님의 아들이 가장 낮은 모습으로 오셨으며, 모든 사람의 섬김을 받으셔야 할 분이 섬기기 위해 오신 것입니다. 그 섬김의 농도와 정도와 강도는 우리의 상상을 초월합니다. 예수께서는 십자가에서 자기 생명을 주기까지 섬기려고 이 땅에 오셨다고 선언하셨습니다. 말씀만 번드르르하게 하셨다면, 예수야말로 밥맛에 재수 없는 사람이겠지요. 예수께서는 말씀하신 그대로 십자가에 달려 물과 피를 다 쏟으시면서 죽기까지 섬기셨습니다.

섬김의 삶: 일터와 일상에서 하나님 나라를 이루는 법

그리스도인은 예수 믿는 사람이며, 예수의 말씀을 믿고 예수의 행적을 따르는 사람입니다. 가장 높으신 예수께서 가장 낮은 종이 하던 발 씻기는 일을 하셨고, 그것도 부족해서 십자가에 달려 죽기까지 섬기는 삶을 사셨습니다. 그렇다면 우리 그리스도인에게 섬김은 선택이 아니라 필수일 수밖에 없습니다. 낮은 자리로 내려가 다른 사람을 섬기는 것이야말로 그리스도인의 표지라고 말해도 좋을 것입니다. 기억해야 할 것이 있습니다. 종이 되어 섬기는 삶을 실천해야 할 가장 대표적인 장소는 교회가 모이는 예배당이 아니라 우리가 흩어져서 살아가는 삶의 자리, 즉 가정, 직장, 학교, 이웃과 친구들 사이라는 사실입니다.

우리가 계속 말씀을 살펴보는 것처럼 일터에서 어떤 신앙으로 살아가야 할 것인가? 라는 질문에 관한 한 가지 분명한 대답이 바로 이것입니다. 우리는 일터에서 낮아지고 섬기는 삶을 살아가도록 보냄을 받은 예수의 제자이자 하나님의 자녀입니다. 우리 그리스도인은 일터에서 어떻게 다른 사람을 섬길 수 있을지 진지하게 묻고 그 대답을 찾아가야 합니다. 이를 위해 먼저 섬김의 관점으로 직장과 일터, 우리가 종사하는 일을 해석하고 볼 줄 아는 안목을 길러야 합니다.

하나님은 농업과 수산업, 축산업과 식품제조업, 마트와 유통업에 종사하는 사람을 통해 우리를 먹이시고 입히십니다. 의사와 약사와 간호사, 물리치료사를 통해 우리를 치료하십니다. 교수와 교사, 유치원과 어린이집 선생님을 통해 가르치시고, 군인과 경찰, 보안업체를 통해 우리를 지키십니다. 하나님은 전업주부를 통해 남편과 자녀를 세상으로 파송하시며, 예술 분야에 종사하는 사람을 통해 아름다움과 경이를 풍성히 누리게 하십니다. 연예인과 스포츠계에 종사하는 사람을 통해 여가를 즐기게 하시고 웃음과 즐거움을 누리게 하십니다. 과학과 기술계에 종사하는 사람을 통해 문명의 이기를 누리게 하십니다. 이런 관점으로 본다면 우리가 하는 모든 일이 섬김의 통로라는 것을 발견할 수 있으며, 내가 종사하는 일의 의미를 넉넉하게 발견할 것입니다.

이것이 전부는 아닙니다. 직장과 일터에는 필연적으로 직급과 위계가 있습니다. 그리스도인 중에는 흔히 말하는 말단 직원이 있고 중간층에 속하는 사람도 있으며, 회사나 단체를 대표하는 CEO를 포함한 고위직에 종사하는 사람도 있습니다. 정치계에 종사하는 사람이 있고, 국제기구나 NGO에서 일하는 사람이 있고, 크고 작은 기업을 운영하는 사람이 있습니다. 높은 위치, 힘과 권력을 가진 그리스도인이라면 군림하고 권세를 휘두를 것이 아니라 하나님께서 주신 권위와 힘으로 어떻게 이웃을 섬길 수 있을지 진지하게 고민하고 그 길을 찾아가야 할 것입니다. 평범한 직장인이나 소상공인이라고 해도 다르지 않습니다. 각자의 자리에서 어떻게 이웃을 섬길 수 있을지 질문하고 대답을 찾고 실천해야 합니다. 그것이 예수의 뒤를 따르는 일이기 때문입니다.

다른 사람을 섬기는 일은 다양합니다. 제조업에 종사한다면 더 나은 제품과 상품을 만들고 소비자가 좋은 가격에 구매할 수 있게 할 수 있습니다. 기업인이라면 좋은 회사 문화를 만들고 직장의 복지와 근무 환경을 개선하면서 다른 사람을 섬길 수 있습니다. 정치인이라면 좋은 제도와 법안을 만들어 더 살기 좋은 세상을 만들면서 섬길 수 있습니다. 이주민 노동자와 홀로 사는 노인, 소년 소녀 가장이나 자립 청년, 미혼모와 장애인들이 살아갈 만한 세상을 만드는 것은 그야말로 아름다운 섬김입니다.

의료계에 종사한다면 다른 사람의 건강한 삶을 위해 헌신할 수 있고, 교육계에 종사한다면 양질의 교육을 제공하는 데 헌신할 수 있습니다. 목회자라면 하나님의 말씀을 더 바르고 힘 있게 전하며, 건강한 교회와 성도를 세워가는 일로 섬겨야 할 것입니다. 전업주부라면 가정을 세워가는 일과 남편과 자녀의 용기를 북돋우어 세상으로 파송하는 일로 가족을 섬길 수 있습니다. 연예계와 스포츠계에 종사한다면 건강한 웃음과 흥미진진한 경기를 제공하는 일로 섬길 수 있으며, 언론계에 종사한다면 정직하고 올곧은 보도로 사람을 섬길 수 있습니다.

충성의 삶: 뒤집어진 나라의 왕이신 예수를 닮아

한두 번 다른 사람을 돕고 섬기는 것은 누구나 할 수 있지만, 섬김을 삶의 방향으로 삼기란 어려운 일입니다. 때때로 마음 상할 일이 있고, 어려울 때가 있을 것입니다. 낮은 자세로 다른 사람을 섬기는 삶은 원대한 도전이자 사명이라고 말해도 지나치지 않습니다. 이 거룩하고 높은 삶을 향해 부르심을 받았기 때문에 반드시 기억해야 할 진리가 있습니다. 하나님이 일로 우리를 돕고 섬기시는 분이라는 진리입니다. 이 진리를 담고 있는 성경 말씀을 두 곳 읽어보겠습니다.

이스라엘아, 너희는 복을 받았다.
주님께 구원을 받은 백성 가운데서 어느 누가 또 너희와 같겠느냐?
그분은 너희의 방패이시오, 너희를 돕는 분이시며,
너희의 영광스런 칼이시다.
너희의 원수가 너희 앞에 와서

누군가를 돕는 것은 누군가를 섬기는 것과 같습니다. 하나님 나라에서 가장 크고 높으신 하나님이 겸손히 우리를 도우시고 섬기시는 분이라고 성경은 계시하고 가르칩니다. 하나님 나라가 큰 사람이 작은 사람을 섬기고, 첫째가는 자가 모든 사람의 종일 수밖에 없는 이유입니다. 이 진리를 잘 담은 이야기로 이 장을 마무리하겠습니다.

한 성도가 하나님 나라에 입성했습니다. 그는 곧 입을 다물 수 없는 잔치에 참여했습니다. 가서 보니 먼저 하나님 나라로 간 집사님 한 분이 극진한 대접을 받고 있었습니다. 저 집사님이 저 정도로 대접받는다면 열심히 교회를 섬긴 장로님은 어떨까? 싶은 생각이 절로 들더랍니다. 가만히 보니 그 잔치에 열심히 시중드는 사람이 바로 장로님이었습니다. 충격이었습니다. 문득 목사님이 도통 보이질 않는다는 것을 알았습니다. 궁금해서 물었더니 목사님은 배달 나갔다는 대답이 돌아왔다고 합니다.

직분이 믿음을 보장하는 것이 아니라는 것을 꼬집으려 만들어낸 이야기, 웃자고 지어낸 이야기일 것입니다. 원래 의도가 어떤 것인지는 모르지만, 이 이야기는 하나님 나라가 어떤 나라인지 제대로 보여주는 이야기

　　　　　　　　　　　　　　　　　　　　월요일의 예배자

입니다. 하나님 나라는 큰 사람이 작은 사람을 열심히, 그것도 자발적으로 기쁘게 섬기는 나라입니다(그렇다고 목사가 큰 사람이라고 주장하는 말은 아니니 오해는 금물).

우리는 이미 영원한 생명을 얻었고 영원한 삶을 살아가는 사람입니다(요 17:3). 예수로 인해 우리 안에 시작하신 하나님 나라에 참여하였고, 그 나라를 살아가는 중입니다. 우리가 뒤집어진 나라에 참여하였고 섬김의 삶을 향해 부르심을 받았기에 우리가 하는 일은 무엇이든지 언제든지 하나님과 이웃을 섬기는 통로입니다. 높은 자리로 올라갈수록, 권위 있는 사람이 될수록, 어른이 될수록 더욱 힘써 섬김의 삶, 뒤집어진 나라의 삶을 살아갑시다.

세상 속에서 이런 삶을 살아내기가 쉽지 않기에 겸손히 우리를 도우시고 섬기시는 하나님, 우리의 더러운 발을 씻기시고 생명을 주시기까지 섬기신 예수를 바라보고 신뢰해야 합니다. 그럴때 일상의 삶에서, 가정과 직장과 학교에서, 이웃과 친구들 사이에서 힘써 섬기는 삶을 살아가고, 뒤집어진 나라의 삶을 멋지게 살아낼 것입니다. 겸손히 섬기는 삶을 살아가면서 우리는 뒤집어진 나라의 왕이신 예수 그리스도를 닮아갈 것이며, 우리가 살아가는 세상을 선하고 아름답게 변화시킬 것입니다.

더 깊은 묵상을 위한 나눔 질문

1. 당신의 직장, 가정, 혹은 모임에서 당신이 맡은 일이나 관계 중에서 '이건 내 신분에 안 맞아', '이건 낮은 사람이 하는 일이야'라고 무의식중에 생각하는 '가장 낮은 자리'는 무엇입니까? 그 자리에서 예수님의 마음으로 가장 겸손하게 섬길 수 있는 구체적인 행동 하나를 선택하고 실천해 봅시다.

2. 당신이 직장 내 직급, 연령, 재능, 혹은 지식 등 현재 가지고 있는 '권위나 힘'을 '누군가를 섬기는 도구'로 사용한다면, 당신은 지금 당장 가장 취약하거나 도움이 필요한 이웃(예: 후배, 부하 직원, 이주민, 소외된 이웃 등)을 위해 무엇을 양보하거나 나누어줄 수 있을까요?

3. 당신이 종사하는 일(혹은 가정주부로서의 일)을 통해 '궁극적으로 하나님이 누구에게 어떤 긍정적인 영향력'을 끼치신다고 생각합니까? 이 일이 단지 '월급을 위한 수단'이 아니라 '하나님 나라의 섬김의 통로'임을 의식하며 일할 때, 당신의 일에 대한 의미와 자부심은 어떻게 달라지겠습니까?

4. '내가 이렇게까지 해야 하나?'라는 마음이나 '내 섬김이 당연하게 여겨질 때' 당신은 어떤 감정을 느낍니까? 섬김의 삶을 포기하고 싶을 때, '나를 돕고 섬기시는 하나님'의 사랑을 기억하며 다시 용기를 얻기 위해 가장 도움이 되는 성경 말씀이나 찬양은 무엇이며, 왜 그렇습니까?

12장

오늘, 그리고 내일의 소명: 가장 작은 일에 충성할 때 오는 기쁨

또 하늘 나라는 이런 사정과 같다. 어떤 사람이 여행을 떠나면서, 자기 종들을 불러서, 자기의 재산을 그들에게 맡겼다.

그는 각 사람의 능력을 따라, 한 사람에게는 다섯 달란트를 주고, 또 한 사람에게는 두 달란트를 주고, 또 다른 한 사람에게는 한 달란트를 주고 떠났다.

다섯 달란트를 받은 사람은 곧 가서, 그것으로 장사를 하여, 다섯 달란트를 더 벌었다.

두 달란트를 받은 사람도 그와 같이 하여, 두 달란트를 더 벌었다.

그러나 한 달란트 받은 사람은 가서, 땅을 파고, 주인의 돈을 숨겼다.

오랜 뒤에, 그 종들의 주인이 돌아와서, 그들과 셈을 하게 되었다.

다섯 달란트를 받은 사람은 다섯 달란트를 더 가지고 와서 말하기를 '주인님, 주인께서 다섯 달란트를 내게 맡기셨는데, 보십시오, 다섯 달란트를 더 벌었습니다 하였다.

그의 주인이 그에게 말하였다. 잘했다! 착하고 신실한 종아. 네가 적은 일에 신실하였으니, 이제 내가 많은 일을 네게 맡기겠다. 와서, 주인과 함께 기쁨을 누려라.

두 달란트를 받은 사람도 다가와서 주인님, 주인님께서 두 달란트를 내게 맡기셨는데, 보십시오, 두 달란트를 더 벌었습니다 하고 말하였다.

그의 주인이 그에게 말하였다. 잘했다, 착하고 신실한 종아! 네가 적은 일에 신실하였으니, 이제 내가 많은 일을 네게 맡기겠다. 와서, 주인과 함께 기쁨을 누려라.

그러나 한 달란트를 받은 사람은 다가와서 말하였다. 주인님, 나는, 주인이 굳은 분이시라, 심지 않은 데서 거두시고, 뿌리지 않은 데서 모으시는 줄로 알고, 무서워하여 물러가서, 그 달란트를 땅에 숨겨 두었습니다. 보십시오, 여기에 그 돈이 있으니, 받으십시오.

그러자 그의 주인이 그에게 말하였다. 악하고 게으른 종아, 너는 내가 심지 않은 데서 거두고, 뿌리지 않은 데서 모으는 줄 알았다.

그렇다면, 너는 내 돈을 돈놀이 하는 사람에게 맡겼어야 했다. 그랬더라면, 내가 와서, 내 돈에 이자를 붙여 받았을 것이다.

그에게서 그 한 달란트를 빼앗아서, 열 달란트 가진 사람에게 주어라.

가진 사람에게는 더 주어서 넘치게 하고, 갖지 못한 사람에게서는 있는 것마저 빼앗을 것이다.

이 쓸모 없는 종을 바깥 어두운 데로 내쫓아라. 거기서 슬피 울며 이를 가는 일이 있을 것이다.

마태복음 25:14~30, 새번역

마지막 장을 읽기 전에 앞서 읽고 생각하고 나누었던 글의 제목을 떠올려 보는 것도 유익할 것 같습니다.

1장. 에덴의 노동자들: 땀 흘리는 일에 담긴 창조의 신비

2장. 일꾼 하나님, 일꾼 사람: 하나님과 함께하는 일의 의미

3장. 세상의 소금과 빛으로: 일터에서 드러내는 신앙의 본질

4장. 선한 영향력: 일터 속 관계와 윤리

5장. 월요일 아침, 예배자로 서다: 일상을 거룩한 예배로

6장. 요셉의 리더십: 절망의 자리에서 피어난 믿음의 증거

7장. 다니엘의 흔들리지 않는 신앙: 신념과 타협의 경계에서

8장. 예수의 일상: 가장 낮은 자리에서 완성된 소명

9장. 시대의 변곡점: 변화와 불확실성을 통과하는 지혜

10장. 나의 강점, 하나님의 도구: 달란트를 발견하고 활용하는 법

11장. 하나님 나라의 역설: 성공이 아닌 충성을 택할 때

이 주제와 제목으로 기독 신앙으로 어떻게 일을 해석해야 하는지 살펴보았습니다. 성경이 일에 관해 말씀하는 것이 무엇인지, 우리가 왜 일하는 존재인지, 그리스도인으로서 어떻게 일해야 하는지, 일에 관해 모범으로 삼을 수 있는 사람은 누구인지, 그들에게서 본받아야 할 것은 무엇인지, 이 복잡다단한 세상에서 예수 안에서 새로운 피조물이 된 우리 그리스도인은 어떤 마음으로 일터로 향하고, 어떤 태도로 일해야 하는지를 찾아보았습니다.

이제 마지막 장입니다. 책장을 덮는다고 해서 우리가 일을 마무리하는

것은 아닙니다. 매일 우리는 일터로 향합니다. 치열한 일터에서 일로 하나님을 예배해야 하며, 우리의 일로 하나님과 이웃을 섬겨야 합니다. 일터에서 일하면서 우리는 어려운 도전을 만날 것입니다. 때때로 방향을 잃을 때도 있을 것입니다. 그때 이 책을 읽고 밑줄 긋고 마음에 담은 글이나 문장을 다시 읽어보면 좋겠습니다. 무엇보다 일꾼 하나님과 일꾼 예수를 떠올릴 수 있다면 더없이 좋지 않을까 싶습니다.

마지막 장에서 함께 생각하고 싶은 말씀으로 달란트 비유를 선택했습니다. 이 말씀이 다시 오실 예수를 기다리며 살아가는 우리 그리스도인이 자주 들여다보아야 할 말씀이라고 확신하기 때문입니다. 특히 이 비유가 일과 관련해서 우리에게 놀라운 지혜와 통찰을 제공하기에 선택한 말씀입니다. 책을 기획할 때부터 마지막 장으로 이 말씀을 정해두었고, 함께 생각하고 싶었습니다. 달란트 비유를 통해 우리 그리스도인이 어떤 마음과 태도로 일하는 일꾼이 되어야 할지 찾아보겠습니다.

주인의 귀환을 기다리는 삶: 달란트 비유의 핵심 메시지

달란트 비유는 정말 잘 아는 말씀이지만, 일과 신앙이라는 시선에서 톺아볼 필요가 충분한 말씀입니다. 이 말씀은 마지막 날에 일어날 일에 관한 세 가지 교훈을 담고 있는 마태복음 25장에 기록된 두 번째 교훈이자 비유입니다. 달란트 비유를 깊고 바르게 이해하려면 마태복음 25장 전체 말씀 속에서 보아야 합니다. 마태복음 25장은 예수께서 가르치신 세 가지 비유로 구성되어 있는데요. 첫 번째가 열 처녀 비유, 두 번째는 달란트 비유, 마지막 세 번째는 양과 염소의 비유입니다.

세 가지 비유는 공통점이 있습니다. 첫째, 세 가지 비유 모두 마지막 날, 혹은 마지막 심판의 때와 밀접한 관계가 있다는 점입니다. 둘째 세 가지 비유는 마지막 심판이 있을 그 날과 그때가 언제인지 모른다는 공통점이 있습니다. 열 처녀 비유를 보십시오. 열 처녀는 신랑이 온다는 것만 알았지, 신랑이 언제 올지는 전혀 몰랐습니다. 달란트 비유에서는 이 점이 더욱 두드러지는데요. 타국으로 떠난 주인이 언제 돌아올지 종들은 전혀 알지 못했습니다. 주인은 오랜 후에 돌아왔는데요. 아마도 종들이 전혀 예상하지 못한 시간에 돌아온 것으로 보입니다. 양과 염소의 비유에서는 이 개념을 직접 발견할 수 없지만, 행간을 통해 이 사실을 충분히 발견할 수 있습니다.

세 번째 공통점은 신랑, 주인, 임금이 돌아올 것을 믿고 그때를 준비하는 삶을 살아가라고 교훈한다는 점입니다. 먼저 열 처녀 비유를 보십시오. 열 처녀 모두 신랑이 언제 올지 몰랐습니다. 다섯 처녀가 기름을 넉넉하게 준비한 것은 신랑이 언제 올지 몰랐기 때문입니다. 예수는 신랑이 올 때를 준비했던 그들을 슬기로운 처녀라 부르셨습니다.

달란트 비유는 주인이 돌아올 때가 있다는 것과 그때를 준비해야 한다는 것을 강조해서 가르치는 비유입니다. 이 비유는 주인이 돌아올 때를 기억하면서 그때를 준비하는 일의 중요성을 강조합니다. 주인이 떠나면서 종들에게 달란트를 맡겼습니다. 오랜 후였지만, 약속대로 주인은 돌아왔고 종들을 불러 결산했습니다. 이런 관점에서 달란트 비유는 돌아올 주인을 기다리면서 성실하고 신실하게 준비하며 살아간 사람과 불성실한 태도로 준비하지 않은 사람의 이야기로 읽을 수 있습니다.

양과 염소의 비유도 같은 맥락에서 볼 수 있습니다. 양은 돌아오실 왕을 기다리면서 성실하고 신실하게, 충성스럽게 살아간 사람들입니다. 그 삶 자체가 돌아오실 왕을 준비하는 삶이라고 할 수 있습니다. 반면, 염소는 아무 준비 없이 살았던 사람의 전형입니다.

마태복음 25장에 담긴 세 가지 비유 중에서 달란트 비유는 특히 '일과 신앙'의 관점에서 주목해야 할 말씀입니다. 주인이 종들에게 달란트를 맡기고 집을 떠났다는 점, 생각보다 더 오랜 후이지만 주인이 다시 돌아왔다는 점, 그 오랜 시간 주인을 기다리며 성실하고 충성스럽게 일한 종과 그렇지 않은 종의 이야기를 담고 있다는 점에서 그렇습니다. 이 비유는 주의 재림을 기다리는 우리 그리스도인이 어떤 마음과 태도로 일해야 하는지 정확하게 알려주는 말씀이라고 해도 좋을 것입니다. 조금 더 자세히 살펴보겠습니다.

신뢰가 낳은 기회: 엄청난 가치의 달란트와 종들의 선택

어떤 사람(집주인)이 타국에 갈 일이 생겼습니다. '타국'이라는 말은 가까운 나라가 아니라 먼 나라라는 것을 암시합니다. 고대사회에서도 타국으로 여행하는 일이 있었지만, 지금처럼 빈번했던 것은 아닙니다. 당연히 그때는 대중교통이나 제대로 된 교통수단이 없었습니다. 고작해야 탈 짐승과 바람과 노를 저어 움직이는 배가 전부였습니다. 바로 옆에 있는 가까운 나라였다면 모를까 먼 나라에 다녀와야 한다면 꽤 오랜 시간이 걸릴 수밖에 없었던 시대였습니다. 이 점을 놓치지 말아야 합니다.

　1~2주 해외여행을 떠나도 집과 직장, 사업에 어려움이 생기지 않도록 여러 가지 준비를 꼼꼼하게 해두어야 합니다. 만약 장기간 집을 비워야 한다면 준비해야 할 일이 한둘이 아닐 것입니다. 특히 일과 관련해서는 장래를 내다보면서 여러 가지로 철저하게 준비해야 합니다. 그중에서도 가장 중요한 부분은 일을 믿고 맡길 수 있는 사람, 신뢰할만한 사람을 세우는 것입니다. 말씀에 등장하는 집주인 역시 타국으로 떠나기 전 신뢰할만한 종들을 불렀습니다. 행간을 읽어볼 필요가 있겠지요. 주인은 타국으로 떠나기 한참 전부터 믿고 일을 맡길만한 종을 주목하며 찾았을 것입니다. 그중 신뢰할만한 종을 염두에 두었을 것이고, 일을 맡길 수 있을 정도로 가르쳤을 것입니다. 시간을 두고 지켜보고 일을 맡겨보면서 각기 능력을 잘 파악했을 것입니다. 그 후에 각각 재능을 따라 다섯 달란트, 두 달란트, 한 달란트를 맡기고 타국으로 떠났을 것이 분명합니다.

　우리는 달란트 비유를 읽고 들으면서 예수께서 이 비유로 가르치시는 것이 무엇인지 질문해야 합니다. 안타깝게도 이 질문보다는 조금은 엉뚱한 질문을 던지는 것 같습니다. 예를 들자면, 한 달란트의 무게는 어느 정도일까? 한 달란트를 지금 우리가 사용하는 돈으로 환전하면 얼마나 될까? 와 같은 것에 더 관심을 쏟습니다. 호기심을 채우고, 가려운 곳을 긁기 위해서라도 이 부분부터 간략하게 정리해 보겠습니다.

고대사회에서 달란트 무게는 나라마다 조금씩 차이가 있습니다. 아테네는 26kg, 이집트는 27kg, 바빌로니아는 30.3kg, 로마는 32.3kg 정도였습니다. 무거운 달란트는 약 60kg 정도나 되었고, 가벼운 달란트는 30kg 정도였다고 합니다. 대략 달란트는 20kg에서 40kg 사이이며 일반적으로는 약 34kg 정도라고 생각하시면 좋습니다. 한 달란트의 가치가 어느 정도인지도 살펴보겠습니다. 일반적으로 한 달란트가 34kg이라는 것과 달란트는 보통 금이나 은의 단위로 사용했다는 점을 기억하시면 됩니다. 한 달란트를 금 34kg이라고 생각하고 지금 금 시세로 계산하면 한 달란트는 기십 억이 훌쩍 넘습니다. 주인이 맡긴 한 달란트만 해도 엄청난 가치라는 것을 알 수 있습니다. 실제로 고대사회에서 달란트는 너무 큰 단위여서 실생활에서는 거의 사용하지 않았다고 하니 그 가치가 상당하다는 것이 분명합니다.

재능이 아닌 충성: 달란트 비유의 진짜 의미

호기심을 채웠으니 주목해야 할 말씀으로 돌아가겠습니다. 타국으로 가면서 주인이 종들에게 맡긴 달란트는 과연 무엇을 의미하는 걸까요? 말 그대로 엄청난 금액의 돈일까요? 아니면 재능일까요? 그것도 아니라면 다른 무엇일까요? 한때 많은 분이 달란트를 재능으로 해석했습니다. 달란트를 재능으로 해석하면 편리한 점이 있습니다. 세상에는 눈부시고 뛰어난 재능을 가진 사람이 있는가 하면 평범한 재능을 가진 사람이 있습니다. 이 해석에 따르면 뛰어난 재능을 가진 사람은 다섯 달란트 받은 사람이고, 평범한 재능을 가진 사람은 한 달란트 받은 사람일 것입니다. 달란트를 주시는 분은 하나님이시며, 하나님의 주권에 속합니다. 우리 살아가는 세상 풍경과 잘 들어맞는다는 면이 이 해석이 가진 장점이라고 할 수 있습니다. 장점이 있다면 당연히 단점이나 아쉬운 점이 있을 수밖에 없습니다.

학창 시절 이 해석에 바탕을 둔 설교와 가르침을 자주 들었던 기억이 있습니다. 삐딱하게도 말씀을 들으면서 왜 하나님은 나에게 다섯 달란트에 해당하는 재능을 주시지 않으셨을까? 다른 사람에게 더 빛나는 달란트를 주신 것은 내가 저 사람보다 못하기 때문일까? 내가 하나님의 은혜와 사랑을 덜 받았기 때문일까? 하나님께서 나를 못나게 지으신 것일까? 그 하나님을 공평하신 분이라고 말할 수는 없지 않을까? 달란트를 얼마나 주실지는 하나님의 권한이니까 이런 생각 자체를 하면 안 되는 걸까? 등 질문이 꼬리에 꼬리를 물고 일어났습니다. 하나님에 대한 불평의 마음을 품었고 자신에 관해 실망한 것도 사실입니다.

저만 이런 질문을 던진 것은 아니었던 것 같습니다. 달란트를 재능으로 해석하신 강단에서 으레 따라 나온 말씀이 있었습니다. 많은 달란트 받은 사람에겐 더 큰 책임이 따르고 적은 달란트 받은 사람에겐 작은 책임이 따른다는 말씀이었습니다. 어느 정도 일리는 있었지만, 그렇다고 위로가 된다거나 마음으로 동의했던 것은 아닙니다. 큰 책임을 지면 되니까 하나님께서 나에게 크고 빛나는 재능을 주셔서 남다른 인생을 살아가고 싶다는 생각을 떨치기 어려웠습니다. 아마도 제가 삐딱했기 때문이 아닐까 짐작합니다.

달란트가 무엇인가에 관한 다른 해석이 있습니다. 달란트를 사람에게

주어진 재능이라기보다는 주인이 종의 능력에 따라 맡긴 일로 보는 해석
입니다. 살펴본 것처럼 한 달란트도 어마어마한 가치라는 사실과 연결한
다면 한 달란트를 받은 종도 엄청난 가치가 있는 주인의 일을 맡았다고
해석할 수 있습니다. 주인을 예수로 해석한다면 주인이 각 사람에게 맡기
신 일은 무한한 가치가 있는 하나님의 일이라는 점도 놓쳐서는 안 될 것
입니다. 물론 이 해석에서도 각 사람의 능력과 책임의 크기는 다릅니다.
더 큰일을 맡은 사람이 있고, 비교적 적은 비중의 일을 맡은 사람이 있으
니까요.

이런 식으로 예수께서 가르치신 비유를 다른 사람과 비교하는 관점으
로 이해하려는 것은 비유의 핵심을 완전히 비켜 간 것입니다. 달란트 비
유의 핵심은 누가 더 큰 능력을 받았고, 누가 더 큰 책임을 맡았는가에 있
는 것이 아니라, 어떤 마음과 태도로 주인이 맡긴 일을 했는가에 있습니
다. 정말 그렇습니다. 주인이 돌아온 이후 종들과 결산하면서 다섯 달란
트 받은 종과 두 달란트 받은 종에게 했던 칭찬의 말이 토씨 하나까지도
똑같다는 것이 그 증거입니다. 그 말씀을 읽어보고 싶습니다. 21절과 23
절 말씀입니다.

그의 주인이 그에게 말하였다. 잘하였다, 착하고 충성된 종아,

네가 작은 일에 충성하였으므로, 내가 네게 많은 것들을 맡길 것이니,

네 주인의 즐거움에 참여하여라. (마태복음 25:21, 23, 바른 성경)

만약 이 비유가 누가 더 뛰어난 재능을 받았고, 누가 더 큰 책임을 맡았
는가에 있었다면 주인이 다섯 달란트 받은 사람과 두 달란트 받은 사람을

 월요일의 예배자

똑같은 말로 칭찬하지는 않았을 것입니다. 다섯 달란트 받은 사람과 두 달란트 받은 사람을 칭찬하되 현격히 다른 농도와 강도로 칭찬하셨을 겁니다. 말씀이 보여주는 것처럼 타국에서 돌아온 주인은 종들을 차별하지 않았습니다. 그들이 얼마나 큰일과 책임을 맡아서 얼마나 큰 성과를 거두었냐에 초점을 맞추지 않았다는 뜻입니다. 주인의 칭찬을 통해 발견하는 달란트 비유의 핵심은 주인이 믿고 맡긴 일에 종들이 성실하고 충성스러웠는가에 있습니다.

주어진 역할에 감사하기: 비교와 경쟁을 넘어서는 믿음

이렇게 보면 달란트 비유를 새로운 시선에서 볼 수 있습니다. 우선 달란트 비유는 경쟁심을 부추기거나 타인과 나를 비교하게 만드는 말씀이 아닙니다. 오히려 정반대입니다. 먼저 주인은 다섯 달란트 받은 사람이나 두 달란트 받은 사람, 한 달란트 받은 사람 모두를 신뢰했다는 것을 알 수 있습니다. 주인이 장기간 집과 일터를 비우면서 그들에게 중요한 일을 맡길 정도로 주인은 그들 모두를 신뢰했습니다. 주인의 신뢰를 받았다는 면에서 세 사람은 모두 평등합니다. 비록 한 달란트라고 해도 엄청난 가치를 가진 주인의 일이라는 점도 잊지 말아야 합니다. 이렇게 보면 다섯 달란트, 두 달란트, 한 달란트 받은 세 사람 모두 엄청난 가치를 가진 주인의 일에 참여했다는 점에서도 평등합니다.

주인(하나님)이 맡긴 일의 크기와 무게에는 물론 차이가 있습니다. 주인(하나님)을 경외하고 두려워한다면 더 큰 책임과 기회를 얻지 못했다고 불평하지 않을 것입니다. 오히려 주인(하나님)이 나와 같은 사람에게 주인(하나님)의 크고 놀라운 일을 믿고 맡기셨다는 것에 감사할 것입니다. 또한, 주인(하나님)이 오래도록 지켜본 후에 각 사람의 능력에 따라 크기와 무게를 결정했다는 점도 기억해야 합니다. 다른 사람은 그가 살아가야 할 삶이 있고, 나는 내가 살아가야 할 삶이 있다는 것을 기억해야 합니다(요 21:21~22). 처음부터 주인(하나님)은 우리를 비교 대상으로 삼지 않으신다는 진리를 붙들 필요도 있습니다.

끈끈이처럼 들러붙어 좀처럼 떨어지지 않는 세속적인 마음에 시달리는 분이 계실지도 모르겠습니다. 어떻게든 큰일과 큰 책임 맡고 싶다는 마음에 시달린다면 주께서 주신 맞춤 처방을 생각하면 좋을 것입니다. 예수께서는 하나님 나라에서 큰 사람은 다른 사람을 섬기는 사람이라고 말씀하셨습니다. 큰일과 큰 책임을 맡은 큰 사람이 되고 싶다는 말은 마르고 닳도록 다른 사람을 섬기도록 부름 받았다는 말씀과 일맥상통합니다.

하나님께서 더 크고 많은 것을 맡긴 사람이라면 그는 더 많이 섬기도록 부름 받은 사람이 분명합니다. 이렇게 본다면 큰일을 맡지 못했고, 다섯 달란트 받지 못했다고 함부로 불평불만을 쏟아내지는 않을 것입니다. 더 많은 달란트를 받고 싶다는 마음은 애초에 생기지도 않을 것 같습니다. 끈적한 욕심과 세속적인 마음이 힘을 잃고 툭 떨어져 나갈지도 모를 일입니다. 언제든지 말씀이 특효약이라는 데는 변함이 없는 것 같습니다.

오늘의 충성이 내일의 열매로: 세 종의 다른 선택

달란트 비유는 시간이 오래 걸린다고 해도 타국으로 떠난 주인은 반드시 돌아올 것을 보여줍니다. 동시에 주인이 돌아오면 종들을 불러 반드시 결산할 것을 가르쳐 줍니다. 일을 맡기고 집을 떠난 주인이 돌아오기까지 그 오랜 시간 달란트를 받은 종들이 보인 태도에 주목해야 합니다. 말씀을 신중하게 보십시오. 15절 끝자락에는 달란트를 맡기고 주인이 떠났다고 기록해 놓았습니다. 16절을 보면 주인이 떠난 후 다섯 달란트 받은 종이 보인 태도가 기록되어 있습니다. 다섯 달란트 받은 종은 주인이 떠난 후 바로 가서 주인이 맡긴 달란트로 일했습니다. 두 달란트 받은 사람도 주인이 떠난 후 곧바로 주인이 맡긴 것을 사용해 열심히 일했다는 것을 알 수 있습니다.

오랜 후 주인이 돌아와 결산할 때 그들은 각각 다른 다섯 달란트와 두 달란트를 가지고 왔습니다. 말씀엔 기록되어 있지 않지만, 충분히 행간을 읽어낼 수 있습니다. 그들은 주인이 떠난 후 곧장 주인이 맡긴 것으로 일했습니다. 주인이 오랜 후에 돌아왔다는 것이 굉장히 중요한 의미가 있습니다. 그들이 남긴 다른 달란트는 하루아침에 대박을 터뜨린 결과일 수가 없습니다. 주인이 떠날 때부터 돌아올 때까지 오랜 시간 주인을 기다리며 충성스럽게 일해서 다섯 달란트와 두 달란트를 더 남긴 것입니다. 이 두 사람은 주인이 맡긴 것으로 주인이 돌아올 때를 기다리며 성실하고 충성스럽게 일했고, 그 오랜 시간의 땀과 눈물과 수고와 충성과 헌신의 결과를 돌아온 주인에게로 가져온 것입니다.

한 달란트 받은 사람은 전혀 예상하지 못한 엉뚱한 행동을 보여주었습니다. 먼저 주인이 돌아왔을 때 그가 달란트를 맡겼던 주인에게 했던 아주 기막힌 대답을 읽어보고 싶습니다.

그는 주인이 맡긴 달란트로 일한 것이 아니라 주인이 맡긴 것을 잃어버릴까 두려워서 땅에 잘 감추어 두었다고 말했습니다(25절). 여기서도 우리는 행간을 읽어내면서 상상력을 발휘해야 합니다. 주인이 떠났다가 다시 돌아오기까지 그 길고 긴 시간 동안 달란트를 묻어둔 채 이 사람은 무엇을 하고 있었을까요? 그는 아무것도 하지 않았습니다. 주인은 그를 신뢰해서 일을 맡겼지만, 그 종은 주인의 신뢰를 저버렸습니다. 주인이 왜 한 달란트 되는 큰 금액을 맡겼는지, 주인이 돌아오기를 준비하며 무엇을 해야 할지 조금도 헤아려보지 않았습니다. 한 달란트 받은 그 종은 주인이 떠나있었던 길고 긴 시간 동안 게으르고 불성실했으며 무책임하게 살았습니다.

결론적으로 말해 그는 주인과 아무 상관이 없는 삶을 살았습니다. 주인이 타국에서 돌아왔지만, 주인과 상관없는 삶을 살았던 그는 주인에게 드릴 것이 아무것도 없었습니다. 땅에 묻어 둔 주인이 맡겼던 그 엄청난 달란트를 도로 가져와 주인에게 돌려드린 것이 전부입니다. 그는 게을렀고 충성스럽지 못했습니다. 주인을 오해했고, 주인과 상관없는 삶을 살았습니다. 그에게 내린 주인의 벌을 읽어보십시오. 그는 쓸모없는 종, 심지어 악한 종이라는 평가를 받았고, 바깥 어두운 곳으로 쫓겨나 거기서 가슴을 치며 통곡할 것이라고 선언하셨습니다. 애초에 주인과 상관없는 삶을 선택했고, 그 결과를 얻었다고 말해도 좋을 것입니다.

작은 일에 충성하라: 오늘을 살아가는 우리의 소명

달란트 비유는 예수의 초림과 재림 사이를 살아가는 우리가 어떤 마음과 태도로 살아가야 할지를 정확하게 보여줍니다. 다섯 달란트 받은 사람과 두 달란트 받은 사람은 주인의 귀환을 기다리면서 자기 삶에 성실했고 신실했습니다. 주인은 그들을 착하고 충성스러운 종이라고 불렀습니다. 한 달란트 받은 사람은 주인이 맡긴 달란트를 땅에 묻어버린 채 인생을 무의미하고 게으르게 허비하며 살았습니다. 주인을 기다리지도 않았던 것처럼 보입니다. 돌아온 주인은 그를 악하고 게으른 종, 무익한 종, 쓸모없는 종이라고 불렀습니다.

하나님은 우리 각 사람을 부르셨을 뿐 아니라 우리가 꼭 있어야 할 곳으로 보내셨습니다. 우리가 살아가는 곳은 하나님이 파송한 곳이며, 우리가 하는 일은 하나님께서 맡기신 일입니다. 그렇습니다. 우리는 각자 자기 자리에서 하나님이 맡기신 하나님의 일을 하며 살아갑니다. 우리의 삶과 우리가 종사하는 일 자체가 하나님의 일이며, 하나님이 맡기신 달란트라고 볼 수 있습니다. 이렇게 본다면 우리가 하는 일의 경중보다 훨씬 더 중요한 것은 나에게 맡기신 모든 일이 하나님의 일이라는 것을 발견하는 것입니다.

이렇게 확대해서 해석한다면 결론은 분명합니다. 다시 오실 주님을 기대하고 기다리면서 가정과 학교, 직장, 이웃과 친구들 사이에서 성실하고 충성스러운 태도로 살아갈 때 우리도 다섯 달란트, 두 달란트 받은 사람처럼 착하고 충성스러운 종이라는 주님의 칭찬을 받을 것입니다. 만약 우리가 가정과 학교, 직장, 이웃과 친구들 사이에서 게으르고 나태하게 삶을 낭비하면서 살아간다면 악하고 게으른 종이라는 두려운 심판을 받게 될 것입니다. 이처럼 달란트 비유를 깊이 들여다보면 우리가 어떤 태도와 마음으로 살아가야 하는지 알 수 있습니다. 집주인이 돌아왔던 것처럼 예수께서는 반드시 다시 오실 것입니다. 그때 우리는 주 앞에서 우리가 어떤 삶을 살았는지, 나에게 맡기신 일에 어떤 마음가짐과 태도로 임했는지 결산할 것입니다. 이런 관점으로 볼 때 『오직 충성으로 받는 구원이란』 책을 쓴 메튜 W. 베이츠의 주장은 곱씹어 볼 만한 이야기라 생각합니다.[1]

제가 좀 엉뚱한 사람이어서인지 성경을 읽다 보면 종종 엉뚱한 질문이 나도 모르게 피어오르기도 합니다. 달란트 비유에서도 조금은 엉뚱한 질문이 돋아났는데요. 만약 다섯 달란트, 두 달란트 받은 사람이 가서 그것으로 성실하고 충성스럽게 살았지만, 아무것도 남기지 못했다면 어떻게 됐을까? 주인이 화를 내고 꾸짖었을까? 대단히 실망했다고 말씀하셨을

---

1) 매튜 W. 베이츠, *오직 충성으로 받는 구원: 값싼 구원 문화에서 참된 제자도로의 전환을 위한 대범한 시도*, 송일 역(서울: 새물결플러스, 2023).

까? 라는 질문들입니다.

주인이 내내 보여준 넉넉함과 종을 대하는 주인의 부드러운 마음을 엿보면 그렇지 않을 것 같습니다. 주인이 돌아오길 기다리면서 주인이 맡긴 달란트로 성실하고 충성스럽고 성실하게 살았다는 이유만으로 그들을 칭찬하시고, 이제 내가 곁에서 도와줄 테니 다시 한번 도전해 보자고 격려하시지 않으셨을까요? 실패한 자에게 또다른 기회 주시기를 즐거워하시는 성경이 계시하신 하나님을 생각하면 얼마든지 상상할 수 있는 장면이라 생각합니다.

살펴본 것처럼 한 달란트마저도 엄청난 가치를 지닌 중요하고도 큰일이었습니다. 놀랍게도 돌아온 주인은 그것이 적은 일이었다고 말씀하셨습니다. 그들이 적은 일에 충성했으니 더 많은 것을 맡기겠다고 말씀하시면서 주인의 즐거움에 참여하라고 말씀하셨습니다. 주인의 즐거움은 작은 일에 충성스러운 사람에게 더 큰일을 맡기는 것입니다. 작은 일에 충성스러운 사람은 큰일에도 충성스러울 것입니다. 적은 것에 충성스럽게 살아가는 사람에게 더 많은 것을 맡기고, 그것을 맡은 사람은 더욱 충성스럽게 살아가는 삶이 곧 주인의 기쁨이고, 하나님 나라의 기쁨이며, 장차 우리가 참여하고 누리고 맛볼 기쁨입니다.

기억합시다. 우리의 삶, 우리가 하는 일은 하나님이 주신 선물이며, 하나님의 일이자 우리에게 맡기신 달란트입니다. 우리의 일상을 충성스럽게 살아가는 것은 다시 오실 주님을 향한 최고 최선의 준비입니다. 주의 재림을 기다리면서 일상을 충성스럽게 살아갑시다. 주께서 착하고 충성스러운 일꾼이라고 칭찬하실 것이며, 하나님 나라에서 더 많은 것을 맡기실 것입니다. 이 땅에서 충성스럽게 살아간 사람은 하나님 나라에서도 충성스럽게 살아가며 하나님을 기쁘시게 하고, 그의 삶도 하나님의 기쁨으로 충만할 것이며, 그 사람으로 인해 주변 사람들까지도 기쁨을 누릴 것입니다. 그날을 바라보며 오늘 우리가 살아가는 자리, 우리가 살아가는 시간에서 충성스러운 일꾼으로 살아갑시다.

1. 당신에게 하나님이 맡기신 '달란트'는 구체적으로 무엇입니까?(예: 직장 업무, 자녀 양육, 건강 관리, 배우자를 섬기는 일, 교회 봉사 등) 이 일이 '주인이 나를 신뢰하여 맡긴 엄청난 가치를 지닌 하나님의 일'이라고 진심으로 믿는다면, 당신이 가장 먼저 변화시켜야 할 '달란트를 대하는 태도'는 무엇입니까?

2. 당신의 일터나 가정에서 '작은 일'이지만, '충성스럽게' 해내야 한다고 생각하는 것은 무엇입니까? 이 '작은 일에 대한 충성'이 '큰일에 대한 충성'으로 이어진다는 말씀에 비추어 볼 때, 당신은 평소 작은 일들을 얼마나 소중히 여기며 처리하고 있습니까?

3. 당신이 지금 하고 있는 일이나 하루의 일과를 '예수께서 오늘 밤 갑자기 오셔서 결산하자고 하실 때' 부끄러움 없이 보고할 수 있습니까? 주님의 재림이 '오늘'이라고 가정할 때, 당신이 가장 후회할 만한 '낭비한 시간이나 게으름'은 무엇이며, 그 영역에서 지금부터 무엇을 새롭게 시작하고 싶습니까?

4. 당신은 현재의 일을 통해 하나님을 기쁘시게 하는 '주인의 즐거움'을 얼마나 자주 느끼고 있습니까? 당신의 '충성스러운 일'을 통해 장차 하나님 나라에서 더 많은 것을 맡게 된다는 소망은 당신이 오늘의 어려움을 이겨내는 힘이 될 수 있습니까? 만약 그렇다면, 그 소망은 당신의 마음을 어떻게 움직이고 있습니까?

'먹고 살기 힘들다'

개척교회 목사로 살아가면서 현실적으로 가장 어려운 문제를 담아낸 문장입니다. 가족을 부양해야 한다는 책임, 자녀를 양육해야 한다는 문제는 늘 눈앞에 닥친 현실입니다. 하나님의 부르심에 응답하여 목회의 길을 걸으면서 경제문제를 해결하기 위해 다른 일을 하는 목회자가 점점 많아지는 추세입니다. 일하는 목회자가 많아진다는 것이 한국 교회에 어떤 의미를 드러낼지는 조금 더 지켜볼 필요가 있을 것입니다. 한 가지 기대하는 것은 일하는 목회자가 많아질수록 일에 관해 더 진지하게 묵상하고, 성경 속에서 일에 관한 가치와 가르침에 주목할 수 있을 것이라는 점입니다.

목사는 목사에게 주어진 일을 하며 살아갑니다. 제가 목사여서 목사의 예를 든 것뿐 우리는 모두 일하며 살아갑니다. 일자리 구하기가 어려운 시대입니다. 아마 수를 헤아릴 수없이 많은 분이 일자리를 찾는 중일 것입니다. 일자리를 찾는 분들이 하루라도 빨리 일자리를 찾으셔서 일하면서 경제문제도 해결하고, 삶의 의미를 찾으며, 사회와 이웃에게 이바지하는 삶을 살아가시길 기대하고 응원합니다. 안타깝게도 여러 가지 이유로 일할 수 없는 분들도 있습니다. 그 마음을 어찌 다 헤아릴 수 있겠습니까. 한 가지 분명한 소망이 있습니다. 장차 완성될 하나님 나라에서 마음껏 일하고 일한 대로 결과를 얻으면서 하나님을 섬기고 다른 분을 섬기는 삶을 살아갈 것이라는 산 소망입니다. 그때를 소망하면서 지금 살아가는 자리에서도 신실한 그리스도인으로 살아가시길 기대하고 기도합니다.

일이라는 관점을 성경을 읽어보면 정말로 무궁무진한 보화를 캐낼 수 있습니다. 성경은 일에 관해 완전히 새로운 시선을 제시하며, 일과 일터를 새롭게 해석할 힘을 무한히 공급합니다. '일꾼 하나님'이라는 단어만 해도 정말로 매력적이고 아름답습니다. 어색해 보이는 단어 조합이지만, 조금만 생각해 보면 기막힌 조합임을 알 수 있습니다. 이 두 단어는 하나님이 일하시는 분이라는 진리를 알려주며, 거룩하고 선하신 하나님으로 인해 일은 선하고 아름다울 수밖에 없다고 말합니다. 더 나아가 장차 완성될 하나님 나라에서 일이 완전히 새롭게 될 것이라는 소망까지 품게 합니다. 일을 지금과 같은 방식이 아니라 하나님 나라의 시선에서 일을 해석할 능력과 힘을 공급하고, 장차 완성될 하나님 나라에서 일이 어떤 의미인지 맛보고 누릴 것이라는 새로운 비전을 심어주기도 합니다.

어감이 썩 좋지 않아 사용하기 조심스러운 단어 중 '종말론적 신앙'이란 단어가 있습니다. 어감은 어떨지 몰라도 이 단어가 담아내는 신앙과 삶의 가르침은 더없이 아름답습니다. 종말론적 신앙을 저의 방식대로 풀이하면 '개인적으로도 우주적으로도 언젠가 마지막 때가 있으며, 마지막 날에 우리 주 예수께서 모든 만물을 새롭게 하실 것이라는 소망을 지금 내가 살아가는 자리로 가져와서 오늘을 살아가는 신앙'입니다. 그리스도인은 종말론적 신앙을 가진 사람이며, 이런 맥락에서 저는 그리스도인을 향해 이유 있는 낙관론자라는 별명을 붙이고 싶습니다.

세상이 어떻게 변할지, 우리가 장차 어떤 세상을 살아갈지 불안합니다. 세상이 수상하다 보니 그리스도인으로서 어떤 책임감을 끌어안고 어떤 삶의 태도를 지켜가야 할지는 더 또렷해집니다. 물론 그 삶은 결코, 쉬울 수가 없습니다. 우리 그리스도인이 그 어렵고 좁고 험한 길을 걸어갈 수 있는 이유는 주께서 우리와 함께하신다는 진리, 언젠가 주께서 다시 오실 때 하나님 나라가 완성될 뿐 아니라, 우리가 살아가는 이 땅이 어떤 식으로든지 하나님 나라에 편입될 것이라는 소망이 있기 때문입니다.

이 글을 쓰는 동안 늘 머릿속에 머물렀던 질문이 있습니다. 이 땅의 수많은 그리스도인이 이 소망을 품고 일터로 향한다면 어떤 일이 일어날까? 종말론적 신앙에 기대어 일터로 향하고, 장차 완성될 하나님 나라를 소망하면서 일터로 향하면 세상이 어떻게 될까? 라는 질문입니다. 우리 그리스도인이 성경이 가르치는 대로 일과 일터를 바라보고, 하나님을 예배하고 섬기듯 일한다면 어떤 일이 일어날지 자주 상상해 보면 좋겠습니다. 정치, 경제, 문화, 언론, 교육, 예술, 스포츠 등 우리가 살아가는 모든 영역에서 예수처럼 일하는 그리스도인이 많아진다면 우리 사는 세상이 얼마나 살맛 나는 곳으로 변할지 가늠하기 어려울 것입니다. 적어도 지금처럼 갈등하고 분쟁하는 일은 분명히 줄어들 것이고 화평과 화목은 더 넓고 깊게 퍼져갈 것입니다.

우리는 매일 일터로 향할 것입니다. 그곳은 치열할 것이고, 가시와 엉겅퀴도 불쑥불쑥 솟아날 것이 분명합니다. 어떻게 할 수 없는 거대한 힘 앞에서 어디까지 양보하고 타협해야 할지 진지하게 질문해야 할 때도 있을 것입니다. 일터에서 만나는 도전과 현실을 숨기지 말고 함께 예수의 뒤를 따르는 지체에게 나누어야 할 결정적인 이유라 생각합니다. 때때로 선을 도모하기 위해 한쪽 눈을 질끈 감아야 할 때도 있을 겁니다. 그렇다고 포기하지 않았으면 좋겠습니다. 덮어놓고 세속적인 방법을 따라가지 않기를 바랍니다. 일터로 향하는 서로를 위해 기도하고, 마음을 나누고, 격려하면서 우리 그리스도인이 걸어가야 할 거룩하고 아름다운 길을 꾸역꾸역이라도 걸어가길, 넘어지고 자빠져도 다시 일어나 예수의 뒤를 따르길 기대하고 기도합니다. 이 높고 거룩한 꿈을 품고 오늘도 힘차게 일터를 향해 걸어가는 이 땅의 그리스도인을 응원합니다.

'하나님께서 당신과 함께, 당신을 통해 일하십니다.'

하나님의 일꾼 지혁철 올림

참고도서

1. 일반 도서

게리 켈러, 제이 파파산 _ 원씽 (비즈니스북스)

김 호 _ 직장인에서 직업인으로 (김영사)

나가마쓰 시게히사 _ 잘 풀리는 사람은 어떻게 일하는가 (시그니스)

데루야 하나코, 오카다 게이코 _ 로지컬 씽킹 (비즈니스북스)

박소연 _ 일 잘하는 사람은 단순하게 합니다 (더 퀘스트)

사이먼 시넥

    _ 스타트 위드 와이 (임팩터) 왜 함께 일하는가 (살림출판사)

    _ 왜 함께 일하는가 (살림출판사)

사이먼 시넥, 데이비드 미드, 피터 도커 _ 나는 왜 이 일을 하는가 2 (마일스톤)

사이토 다카시

    _ 일류 경영자의 조건 (사람과 나무사이)

    _ 일류의 조건 (필름)

아즈모리 가즈오

    _ 왜 리더인가 (다산북스)

    _ 왜 일하는가 (다산북스)

안셀름 그륀 _ 직업과 소명 (21세기북스)

애니 로슨 _ 일하는 사람을 위한 철학 (프런트페이지)

앤 하이엇 _ 지금 나에게 모든 것을 걸어라 (비즈니스북스)

이인석 _ 밸런스 (포르체)

2. 기독 도서

고든 스미스 _ 소명과 용기 (생명의말씀사)

게리 바칼로우 _ 소명 여행자 (예수전도단)

김진수 _ 선한 창업가 (선율)

리 하디 _ 직업과 소명에 대한 기독교적 관점 (부흥과개혁사)

메튜 W. 베이츠 - 오직 충성으로 받는 구원(새물결플러스)

방선오 _ 일터 행전 (아르카)

오스 기니스 _ 소명 (IVP)

이 다니엘 _ 복음, 시장 한복판에 서다 (샘솟는기쁨)

이안 코피 _ 하나님은 월요일에 무슨 일을 하실까 (새물결플러스)

원용일 _ 인생 소명 (도서출판 브니엘)

윌리엄 퍼킨스 _ 윌리엄 퍼킨스의 직업 소명론 (부흥과개혁사)

조정민 _ 왜 일하는가? (두란노)

정은진, 김경미 외 5인 _ 소명 RE:START (꿈을이루는사람들)

존 레녹스 - 일과 소명: 영원으로 이어지는 이 땅의 삶 (아바서원)

크리스토퍼 스미스, 존 패티슨 _ 슬로처치 (새물결플러스)

톰 넬슨 _ 주일 신앙이 평일로 이어질 때 (아바서원)

팀 켈러 _ 텔 켈러의 일과 영성 (두란노)

파커 J. 파머

　　　_ 일과 창조의 영성 (아바서원)

　　　_ 일 창조 돌봄의 영성 (아바서원)

폴 스티븐스

　　　_ 그분의 말씀이 우리 삶이 되어 (복있는 사람)

　　　_ 기업가형 리더십 (IVP)

　　　_ 나이듦의 신학 (CUP)

　　　　　　　　　　　　　

_ 내 이름은 야곱입니다 (죠이선교회)

_ 돈은 중요하다 (IVP)

_ 일 삶 구원 (IVP)

_ 일의 신학 (CUP)

_ 일터신학 (IVP)

_ 작업복을 입은 하나님 나라 (생명의말씀사)

_ 21세기를 위한 평신도 신학 (IVP)

필립 켈러 _ 양과 목자 (생명의말씀사)

호미해 _ 포근한 삶 (두란노)

헤럴드 센크바일 _ 목자, 개, 양 떼 (무근검)

헨드릭 크래머 _ 평신도 신학 (아바서원)

월요일의 예배자

초판 1쇄 발행 2026년 4월 2일
지은이 지혁철
펴낸이 민상기
편집장 이숙희
펴낸곳 도서출판 드림북
인쇄소 예림인쇄 **제책** 예림바운딩
총판 하늘유통

·**등록번호** 제 65 호 **등록일자** 2002. 11. 25.
·경기도 양주시 광적면 부흥로 847 경기벤처센터 220호
·Tel (031)829-7722, Fax(031)829-7723

·잘못된 책은 교환해 드립니다.
·이 출판물은 저작권법에 의해 보호를 받는 저작물이므로 무단 복제할 수 없습니다.
·독자의 의견을 기다립니다.
·드림북은 항상 하나님께 드리는 책, 꿈을 주는 책을 만들어 갑니다